项目资助：中国科学院发展规划局项目"2021创新发展相关战略研究"（E1X12816）；
国家社会科学基金重大项目"创新引领发展的机制与对策研究"（18ZDA101）

2021
中国制造业创新发展报告

Report on China's Manufacturing Innovation and Development

穆荣平 郭京京◎主 编

科 学 出 版 社

北 京

内 容 简 介

本报告包括主题报告和技术报告两大部分。主题报告以"强化制造业创新能力,支撑智慧可持续发展"为主题,总结创新驱动全球制造业绿色低碳转型发展态势,分析主要国家积极推动制造业绿色低碳转型发展政策实践,梳理中国制造业创新驱动绿色低碳转型发展现状,提出了中国制造创新驱动数字赋能绿色发展政策取向。技术报告运用中国制造业创新发展绩效评估指标体系,通过创新能力指数和创新发展指数对制造业创新发展绩效进行测度评估,从创新实力和创新效力两个方面表征制造业创新能力,从创新投入、创新条件、创新产出、创新影响四个方面表征创新实力和创新效力,从科技发展、经济发展、环境发展三个方面表征制造业创新发展水平,从创新能力、创新实力、创新效力、创新发展指数、创新激励指数等方面全面分析 2012~2020 年中国制造业创新发展态势与特征,遴选了 30 个行业进行比较,系统分析了中国制造业重点产业创新能力指数、创新发展指数和创新激励指数演进态势与特征,并选取重点产业典型企业进行创新能力演进案例研究。

本报告是面向决策和面向公众的研究报告,有助于政产学研和社会公众了解中国制造业发展趋势与格局、制造业创新发展战略和政策,可供各级政府相关部门决策和政策制定参考。

图书在版编目(CIP)数据

2021 中国制造业创新发展报告 / 穆荣平,郭京京主编 . --北京:科学出版社,2023.4

ISBN 978-7-03-075247-5

Ⅰ. ① 2… Ⅱ. ①穆… ②郭… Ⅲ. ①制造工业 - 工业发展 - 研究报告 - 中国 - 2021 Ⅳ. ① F426.4

中国国家版本馆 CIP 数据核字(2023)第 047063 号

责任编辑:牛 玲 姚培培 / 责任校对:贾伟娟
责任印制:徐晓晨 / 封面设计:有道文化

科 学 出 版 社 出版
北京东黄城根北街 16 号
邮政编码:100717
http://www.sciencep.com
北京建宏印刷有限公司 印刷
科学出版社发行 各地新华书店经销

*

2023 年 4 月第 一 版 开本:720×1000 1/16
2023 年 4 月第一次印刷 印张:13 1/4
字数:240 000
定价:98.00元
(如有印装质量问题,我社负责调换)

《2021 中国制造业创新发展报告》

编 委 会

前　言

党的二十大报告指出："坚持把发展经济的着力点放在实体经济上，推进新型工业化，加快建设制造强国、质量强国、航天强国、交通强国、网络强国、数字中国。"[①]《中华人民共和国国民经济和社会发展第十四个五年规划和2035年远景目标纲要》指出："深入实施制造强国战略。"制造业创新能力建设与创新发展事关制造强国、质量强国建设大局，是加快发展现代产业体系、巩固壮大实体经济根基的必然选择。当前，新一轮科技革命和产业变革方兴未艾，创新驱动数字赋能绿色发展已经成为世界制造业发展潮流，制造业呈现工业化信息化绿色化"三化融合"、新产业新业态新模式"三新并举"发展趋势。中国制造业迫切需要借鉴国外绿色低碳转型发展政策实践经验，深化供给侧结构性改革，全方位推进制造业数字赋能绿色发展，提升制造业创新发展能力和国际竞争力，构筑发展现代产业体系，加快构建以国内大循环为主体、国内国际双循环相互促进的新发展格局。

---

① 习近平：高举中国特色社会主义伟大旗帜 为全面建设社会主义现代化国家而团结奋斗——在中国共产党第二十次全国代表大会上的报告. http://www.gov.cn/xinwen/2022-10/25/content_5721685.htm.

制造业创新监测与评估是宏观决策的重要依据，已经成为政府和学术界共同关注的问题。2005 年起，欧盟发布《欧盟产业研发投入记分牌》；2017 年，科睿唯安发布《2017 全球创新报告》，对 12 个主要行业的科学研究与专利活动进行分析；2016 年起，中国工程院发布"制造强国发展指数"，比较中国与主要制造业国家制造强国综合指数变化情况。2007 年 2 月，中国科学院创新发展研究中心明确研究出版《中国创新发展报告》任务，提出了国家创新发展指数、国家创新能力指数、中国制造业创新能力指数、中国区域创新能力指数等概念和测度理论方法。2009 年 10 月，《2009 中国创新发展报告》发布。2020 年 3 月，中国科学院创新发展研究中心发布了《2019 中国制造业创新发展报告》。2022 年 7 月，中国科学院创新发展研究中心发布了《2020 中国制造业创新发展报告》。《2019 中国制造业创新发展报告》是在继承与发展《2009 中国创新发展报告》中制造业创新能力指数的理论方法基础上，独立发布的第一部聚焦制造业创新发展的年度报告。报告包括主题报告和技术报告两大部分。主题报告以"创新驱动制造业数字转型，加速全球价值链重构"为主题，总结世界制造业创新发展总体态势，分析主要国家制造业创新发展政策与举措，梳理中国制造业创新发展现状与问题，提出了中国制造业创新驱动数字转型发展思路与政策取向。《2020 中国制造业创新发展报告》以"全方位推进开放创新，助力制造业高质量发展"为主题，总结疫情期间全球制造业开放创新态势，提出"协同研发、协同设计、协同生产、协同服务和协同发展"的全球制造业开放创新趋势，分析主要国家积极推动制造业开放创新政策与举措，梳理中国制造业开放创新现状与问题，提出了中国制造业开放创新的政策取向。

《2021 中国制造业创新发展报告》持续聚焦制造业创新发展，包括主题报告和技术报告两大部分。主题报告以"强化制造业创新能力，支撑智慧可持续发展"为主题，总结创新驱动全球制造业绿色低碳转型发展态势，分析主要国家积极推动制造业绿色低碳转型发展政策实践，梳理中国制造业创新驱动绿色低碳转型发展现状，提出了中国制造创新驱动数字赋能绿色发展政策取向。技术报告运用中国制造业创新发展绩效评估指标体系，通过创新能力指数和创新发展指数对制造业创新发展绩效进行测度评估，从创新实力和创新效力两个方面表征制造业创新能力，从创新投入、创新条件、创新产出、创新影响四个方面表征创新实力和创新效力，从科技发展、经济发展、环境发展三个方面表征制造业创新发展水平，从创新能力、创新实力、创新效力、创新发展指数、创新激励指数等方面全面分析 2012～2020 年中国制造业创新发展态势与特征，遴选了 30 个行业进行比较[①]。技术报告进一步系统分析了中国制造业重点产业创新能力指数、创新发展指数和创新激励指数演进态势与特征，并选取重点产业典型企业进行创新能力演进案例研究。

《2021 中国制造业创新发展报告》由中国科学院创新发展研究中心组织研究出版，中国科学院科技战略咨询研究院、中国科学院大学、浙江大学相关研究人员参与研究撰写。主编穆荣平负责本报告的总体设计，重要概念、指数框架、指标体系确定，以及第一章的设计、撰写与统稿工作；主编郭京京负责指标体系和分析方法构建，第一章的部分撰写与统稿工作，以及第二章到第八章的组织与统稿工作。报告具体分工如下：穆

---

① 烟草制品业由于行业性质特殊而未纳入本报告进行研究。

荣平、郭京京、康瑾、马双、李雨辰负责第一章的撰写，其中第一节由马双执笔，第二节由李雨晨执笔，第三节由康瑾执笔，第四节由郭京京执笔，穆荣平和郭京京负责第一章的统稿工作；李雨晨负责第二章的撰写；魏莹负责第三章的撰写；柯忻怡负责第四章和第五章的撰写；王雪璐负责第六章和第七章的撰写；宋卿清负责第八章第一节、第二节的撰写，张林林负责第八章第三节、第四节的撰写，吴柳洁负责第八章第五节、第六节的撰写，左祎铭负责第八章第七节、第八节的撰写。王雪璐、吴柳洁做了大量基础性研究工作，负责数据搜集、整理和计算，以及图形绘制。浙江大学管理学院吴东、林心怡、百文晓、邹帆、黄琳娟、李佳彦、蒋珂珂、赖香君、姝阿克·布列斯负责第八章第一节到第八节企业案例专栏的研究与撰写。

《2021 中国制造业创新发展报告》是探索推动中国制造业创新发展的有益尝试。囿于研究组对于制造业数字赋能绿色发展思想认识的局限性，本报告一定存在许多值得进一步深入探讨与研究的问题。我们竭诚希望与国内外关注制造业创新发展和创新能力建设的官产学研各界同仁专家一起密切合作，不断丰富制造业创新发展理论，推动中国制造业创新发展实践。

中国科学院创新发展研究中心主任
中国科学院大学国家前沿科技融合创新研究中心主任

穆荣平

2023 年 2 月

目　录

第一章

强化制造业创新能力，支撑智慧可持续发展

制造业绿色低碳转型是高质量发展的根本要求。当前我国正处于向第二个百年奋斗目标进军的关键时期，绿色低碳转型发展是顺应新一轮科技革命趋势、满足人民群众日益增长的优美生态环境需要、建设制造强国的必然选择。制造业是中国经济命脉所系，制造业绿色低碳转型发展将引领中国经济社会发展方向。创新驱动数字赋能是实现制造业绿色低碳转型的必由之路。必须坚持"系统推进、数字赋能、价值共创、协同发展"基本原则，准确把握全球制造业绿色低碳转型发展趋势，借鉴主要国家绿色转型政策实践经验，针对中国制造业创新驱动绿色低碳转型发展现状，提出中国制造创新驱动数字赋能绿色低碳发展政策取向，构建制造业绿色低碳转型创新体系，开创中国制造创新驱动数字赋能绿色低碳转型发展新格局。

第一节　创新驱动全球制造业绿色低碳转型发展态势

当前，全球能源和金融危机加剧，绿色低碳转型发展正在引领全球制造业转型发展方向，主要国家纷纷调整发展战略，支持数字赋能绿色低碳技术研发，支持产业协同推进绿色低碳转型发展，不断完善

绿色低碳标准和碳交易机制，呈现创新驱动数字赋能制造业绿色低碳转型发展态势。

一、世界绿色低碳转型发展基本格局

1. 绿色低碳转型成为当前世界发展的重要趋势

2015 年 9 月 25 日，联合国 193 个会员国共同达成《变革我们的世界：2030 年可持续发展议程》，提出 17 类可持续发展目标和 169 项具体目标。2010～2020 年，全球环境创新发展取得进展，人均 CO_2 排放量由 2010 年的 4.92 吨降至 2020 年的 4.62 吨，单位 CO_2 排放量对应的 GDP 产出由 2010 年的 2857.14 美元增至 2020 年的 3571.43 美元，单位能耗对应的 GDP 产出由 2010 年的 7.35 美元增至 2019 年的 8.77 美元。受疫情影响，2021 年人均 CO_2 排放量增至 4.81 吨。[1] 尽管面临经济低迷、国际地缘政治格局调整等挑战，各国仍然在积极推动绿色低碳转型发展。在 2021 年 11 月举行的《联合国气候变化框架公约》第二十六次缔约方大会上，全球 197 个国家达成了《格拉斯哥气候公约》（Glasgow Climate Pact），承诺到 2030 年全球 CO_2 排放量相对于 2010 年减少 45%，并在 21 世纪中叶左右降至净零，同时大幅度减少其他温室气体排放量[2]。

2. 全球投资稳步增长，为制造业绿色低碳转型发展营造稳定环境

目前，在清洁能源技术、先进储能材料、输电基础设施、化石燃料低碳利用、碳捕集和封存技术以及其他绿色低碳技术方面，主要国家投资保持稳定增长态势，为创新驱动制造业绿色低碳转型发展创造

---

[1]　选取人均 CO_2 排放量、单位 CO_2 排放量对应的 GDP 产出和单位能耗对应的 GDP 产出 3 项指标度量环境创新发展。人均 CO_2 排放量和单位 CO_2 排放量对应的 GDP 产出原始数据来源：GHG Emissions of All World Countries. https://edgar.jrc.ec.europa.eu/report_2021?vis=gdp#intro[2022-10-25]；单位能耗对应的 GDP 产出原始数据来源：Total Energy Supply Per Unit of GDP for Selected Countries and Regions, 2000-2020. https://www.iea.org/data-and-statistics/charts/total-energy-supply-per-unit-of-gdp-for-selected-countries-and-regions-2000-2020[2022-10-26].

[2]　Glasgow Climate Pact. https://unfccc.int/sites/default/files/resource/cma3_auv_2_cover%2520decision.pdf[2022-10-25].

有利环境。以可持续发展为主题的资本投入不断增加，制造业绿色低碳转型获得的多渠道、多样化有效投资持续扩大。2021 年 6 月，联合国贸易和发展会议发布的《世界投资报告 2021：投资可持续的复苏》（World Investment Report 2021: Investing in Sustainable Recovery）显示，2020 年全球资本市场上的可持续发展主题投资产品总值达 3.2 万亿美元，较 2019 年增长逾 80%[①]。在 2021 年 9 月召开的联合国能源问题高级别对话会上，来自不同地区的国家和地方政府、企业以及其他组织提交了 150 多份"能源契约"，并承诺提供 4000 多亿美元的资金，用于推动到 2030 年实现"人人享有清洁、负担得起的能源"等目标[②]。

二、数字赋能绿色低碳转型技术发展

1. 数字技术推动终端用能高效化，支撑制造业绿色低碳转型发展

数字技术有助于实现可持续制造流程的自动解决方案，使生产自动化建模分析、实时监控和控制优化更加高效，通过网络化、数字化、智能化技术手段减少碳排放。例如，波士顿咨询集团[③]、微软集团[④]为制造业企业提供数字赋能绿色低碳转型解决方案，推动数字技术在制造业全流程深度应用，集成新能源、新材料、新装备、新工艺，提高能源资源利用效率，助力制造业企业加快实现数字化绿色化转型升级。全球电子可持续发展倡议组织（GeSI）发布报告预测，到 2030 年，数

---

① UNCTAD. 2021. World Investment Report 2021: Investing in Sustainable Recovery. https://unctad.org/system/files/official-document/wir2021_en.pdf[2022-10-25].

② United Nations. 2021. New Commitments at UN Energy Summit a Major Stride towards Affordable and Clean Energy, but Much Work ahead to Halve Energy Access Gap by 2025. https://www.un.org/en/hlde-2021/page/new-commitments-un-energy-summit[2022-10-25].

③ Degot C, Duranton S, Frédeau M, et al. 2021. Reduce Carbon and Costs with the Power of AI. https://www.bcg.com/publications/2021/ai-to-reduce-carbon-emissions[2022-10-25].

④ Microsoft Corporation. 2021. Sustainability within Manufacturing—Why Manufacturers are Uniquely Positioned to Improve Their Sustainability Efforts Using IIoT Technology. https://azure.microsoft.com/mediahandler/files/resourcefiles/sustainability-within-manufacturing-why-manufacturers-are-uniquely-positioned-to-improve-their-sustainability-efforts-using-iiot-technology/Microsoft%20Azure%20IIoT%20Sustainability%20within%20Manufacturing%20White%20Paper_Updated.pdf[2022-10-25].

字技术有望通过赋能其他行业使全球二氧化碳排放量减少20%，有效使经济增长与碳排放增长脱钩[1]。

2. 能源技术与数字技术深度交叉融合，持续提升能源系统利用效率

全球碳减排推动了对可再生能源发电需求的日益增长，随着先进可再生能源发电以及长期储能技术的发展和成熟，全球电力行业正在经历从以化石燃料发电为主向以风能和太阳能光伏发电为主的转型，清洁低碳、安全高效的新一轮电气化变革开始加速。与此同时，绿色低碳、灵活柔性、数字智能的新型电力系统取得了快速发展，对能源需求和供应产生了深远影响，全球能源系统面临深刻变革。目前，大多数能源企业配备了分布式控制系统（distributed control system，DCS）、监测控制与数据采集（supervisory control and data acquisition，SCADA）、制造执行系统（manufacturing execution system，MES）等控制层软件或系统，可实时采集控制数据和生产数据[2]，准确分析当前和未来能源生产情况。全球能源互联网发展合作组织发布的《全球能源互联网发展战略白皮书》预测，全球能源互联网建设将带动超过50万亿美元投资，各大洲电网有望于2030～2050年实现初步连通，全球能源互联网将逐渐成形[3]。

三、产业协同推进绿色低碳转型发展

领先跨国公司引领绿色低碳转型，带动产业链、供应链协同发展。为响应负责任的消费和生产等可持续发展目标，各领先企业将绿色低碳转型视为重要发展战略，通过协同合作方式带动上下游共建绿色供应链。例如，美国通用电气（GE）公司、英国石油（BP）公司、壳牌公司、力拓集团等跨国公司均为净零排放设定了至2050年的时间

---

[1] GeSI. 2015. #Smarter2030 ICT Solutions for 21st Century Challenges. https://www.gesi.org/research/smarter2030-ict-solutions-for-21st-century-challenges[2022-10-25].

[2] 袁志刚. 2021. 碳达峰 碳中和 国家战略行动路线图. 北京：中国经济出版社.

[3] 全球能源互联网发展合作组织.《全球能源互联网发展战略白皮书》摘要. 国家电网，2017(3): 36-39.

线。2021 年 7 月，GE 公司发布《GE 可持续发展报告：建设面向未来的世界》（GE Sustainability Report: Building a World that Works for Tomorrow），指出不仅要在其运营过程中实现净零排放，而且在其产品使用过程中的间接排放也要实现净零[①]。2022 年 8 月，福特汽车公司（Ford Motor Company）与澳大利亚必和必拓集团（BHP Group）签署了镍供应协议，必和必拓集团旗下位于西澳大利亚的西部镍业（Nickel West）公司将为福特汽车公司供应镍；与杜克能源（Duke Energy）公司合作开展车辆到电网（V2G）试点项目[②]，后者将分析电动汽车电池和电网之间的能量流动，并与福特汽车公司和其他汽车制造商密切合作，研究双向充电集成的全部功能。随着"碳中和"理念不断融入绿色研发、绿色设计和绿色生产，绿色创新伙伴关系延伸至产业间合作，形成了更可持续的商业模式及循环经济体系。例如，2021 年以来，华沙理工大学孵化的波兰初创公司 EcoBean 与星巴克咖啡公司、巴西石油和天然气公司 PRIO 和葡萄牙达美咖啡（Delta Cafés）公司建立伙伴关系，合作设计和开发以咖啡渣为原材料的可生物降解吸管、用于烧烤和生物柴油的团矿，提供了减少咖啡碳足迹的循环经济解决方案[③]。

四、政策法规推进绿色低碳转型发展

1. 绿色标准不断完善，引领制造业绿色低碳转型发展

　　绿色低碳对制造业的研发、设计、生产提出了新的标准和要求，标准是制造业绿色低碳转型发展的基础政策工具，主要国家和标准组织逐步出台绿色低碳转型相关标准发展战略。例如，2018 年 8 月，

①　General Electric Company. 2021. GE Sustainability Report: Building a World that Works for Tomorrow. https://www.ge.com/sites/default/files/ge2020_sustainability_report.pdf [2022-10-25].

②　Duke Energy Corporation. 2022. Illuminating possibility: Duke Energy and Ford Motor Company plan to Use F-150 Lightning Electric Trucks to Help Power the Grid. https://news.duke-energy.com/releases/illuminating-possibility-duke-energy-and-ford-motor-company-plan-to-use-f-150-lightning-electric-trucks-to-help-power-the-grid[2022-10-25].

③　EIT InnoEnergy. 2021. EcoBean Closes Partnership with PRIO and Portuguese Coffee Company Delta. https://www.innoenergy.com/news-events/ecobean-closes-partnership-with-prio-and-portuguese-coffee-company-delta/[2022-10-25].

国际标准化组织（ISO）发布了《ISO14067：2018 温室气体—产品碳足迹—量化要求及指南》（ISO 14067: Greenhouse Gases—Carbon Footprint of Products—Requirements and Guidelines for Quantification），为企业评估产品碳排放提供了统一的国际标准，被视为推动绿色产品或服务评价的有效工具[①]。2021 年 1 月，美国国家标准协会（ANSI）公开发布了最新版《美国标准战略》（United States Standards Strategy），将"加强各级政府通过公私伙伴关系参与制定和使用自愿共识标准"和"在制定自愿共识标准时继续解决环境、健康和安全问题"作为前两项战略行动[②]。2021 年 11 月，美国环境保护署为大幅减少甲烷和其他有害气体排放拟定新的性能标准和排放准则，旨在扩大和加强对石油和天然气来源的减排要求，并首次要求各州减少甲烷排放[③]。2022 年 2 月，欧盟委员会发布了《欧盟标准化战略——制定全球标准以支撑韧性、绿色与数字化的欧盟单一市场》，强调了对关键原材料回收、清洁氢气价值链、低碳水泥等领域开展标准化工作的紧迫性[④]。

2. 国际成熟市场碳定价机制有力推动制造业智慧可持续发展

碳定价是对温室气体排放以每吨二氧化碳为单位给予明确定价的机制，主要包括碳税、碳排放权交易体系（ETS）、碳信用机制、基于结果的气候金融（RBCF）、内部碳定价五种形式，已成为国际公认的推动低碳发展、实现温室气体减排的有效手段。2022 年 5 月，世界银行发布

① International Organization for Standardization. 2018. ISO 14067: Greenhouse Gases—Carbon Footprint of Products—Requirements and Guidelines for Quantification. https://www.iso.org/standard/71206.html[2022-10-25].

② American National Standards Institute. 2021. United States Standards Strategy. https://share.ansi.org/Shared%20Documents/Standards%20Activities/NSSC/USSS-2020/USSS-2020-Edition.pdf[2022-10-25].

③ United States Environmental Protection Agency. 2021. EPA Proposes New Source Performance Standards Updates, Emissions Guidelines to Reduce Methane and Other Harmful Pollution from the Oil and Natural Gas Industry. https://www.epa.gov/controlling-air-pollution-oil-and-natural-gas-industry/epa-proposes-new-source-performance[2022-10-25].

④ European Commission. 2022. An EU Strategy on Standardisation — Setting Global Standards in Support of A Resilient, Green and Digital EU Single Market. https://ec.europa.eu/docsroom/documents/48598[2022-10-25].

《2022 年碳定价现状及趋势》（State and Trends of Carbon Pricing 2022）报告，认为碳定价机制将推动净零排放承诺的实现；报告指出，截至 2022 年 4 月，全球共有 68 个正在运作和 3 个计划运作的碳定价机制，包括 37 项碳税和 34 个碳排放交易系统，覆盖全球 23% 的碳排放；2021 年欧盟、瑞士等 ETS 碳价创历史新高，加拿大、爱尔兰碳税上调，全球碳定价收入同增 60%，达到 840 亿美元[①]。与此同时，部分制造业企业和团体开始确定碳排放统计标准、制定碳价格。例如，壳牌联合科学碳目标倡议组织（SBTi）、转型路径倡议组织（TPI）等行业组织研究制定了针对石油天然气行业的碳排放统计标准。2020 年，853 家企业披露了使用内部碳定价的情况，1159 家企业表现出在未来 1～2 年实施内部碳定价的意愿；世界 500 强公司中，有近一半公司已实施或计划在未来两年内实施内部碳定价[②]。例如，沃尔沃汽车集团宣布实行每吨 CO_2 排放 1000 瑞典克朗（约折合 700 元人民币）的内部碳定价，以实现到 2040 年成为全球气候零负荷标杆企业的目标[③]。

第二节　主要国家制造业绿色低碳转型发展政策实践

　　绿色低碳转型已经成为各国制造业发展的必然趋势，世界主要国家积极调整制造业绿色低碳转型发展政策，布局绿色技术研发，推进

① World Bank. 2022. State and Trends of Carbon Pricing 2022. Washington, DC: World Bank.
② Bartlett N, Coleman T, Schmidt S. 2021. Putting a Price on Carbon—The State of Internal Carbon Pricing by Corporates Globally. https://cdn.cdp.net/cdp-production/cms/reports/documents/000/005/651/original/CDP_Global_Carbon_Price_report_2021.pdf?1618938446[2022-10-25].
③ Volvo Cars. 2021. Volvo Cars Recognised for Its leadership in Climate Action. https://www.media.volvocars.com/global/en-gb/media/pressreleases/292734/volvo-cars-recognised-for-its-leadership-in-climate-action#:~:text=In%20conjunction%20with%20signing%20the%20zero%20emission%20road,a%20carbon%20pricing%20mechanism%20across%20its%20complete%20operations[2022-10-25].

绿色生产转型，加强数字赋能建设，提升绿色发展条件，支撑引领制造业绿色低碳转型发展。

一、加强绿色低碳技术研发前瞻部署

1. 美国持续加强化石燃料低碳利用和清洁能源技术超前部署

2019 年，拜登在总统竞选活动中提出，加快尖端技术发展，以在 2050 年实现美国温室气体净零排放[1]。2020 年，美国能源部发布《化石能源路线图》（Fossil Energy Roadmap）[2]，提出未来 10 年要提高稀土元素、关键材料和煤炭产品的技术研发水平。2020 年，拜登的《清洁能源革命和环境正义计划》（Clean Energy Revolution and Environmental Justice）[3]提出，美国要着眼于低碳和零碳技术开发，到 2030 年在清洁能源研发等方面成为世界领导者。2021 年，美国能源部将为清洁能源技术研发提供 1 亿美元，以促进尖端、颠覆性清洁能源研发成功[4]。

2. 欧盟强化氢能、光伏等绿色技术前瞻性部署

2019 年，欧盟发布《欧洲氢能路线图：欧洲能源转型的可持续发展路径》（Hydrogen Roadmap Europe: A Sustainable Pathway for the European Energy Transition），规划了大规模部署氢和燃料电池的路径，提出到 2050 年，氢能将占欧洲终端能源需求的 24%[5]。同年，欧洲氢能研究所（Hydrogen Europe Research）更新第四版《2018—2030 燃

① Biden Harris | Democrats Homepage. The Biden Plan for a Clean Energy Revolution and Environmental Justice. https://joebiden.com/climate-plan-2/#[2022-09-15].

② United States Department of Energy. 2020. Fossil Energy Roadmap. https://www.energy.gov/sites/default/files/2020/12/f81/EXEC-2018-003779%20-%20Signed%20FE%20ROADMAP_dated%2009-22-20_0.pdf[2022-09-15].

③ The Biden Plan for a Clean Energy Future and Environmental Justice. https://joebiden.com/climate-plan-2/[2022-09-15].

④ United States Department of Energy. 2021. DOE Announces $100 Million for Transformative Clean Energy Solutions. https://www.energy.gov/articles/doe-announces-100-million-transformative-clean-energy-solutions[2022-09-15].

⑤ Fuel Cells and Hydrogen 2 Joint Undertaking. 2019. Hydrogen Roadmap Europe: A sustainable pathway for the European Energy Transition. https://www.clean-hydrogen.europa.eu/media/publications/hydrogen-roadmap-europe-sustainable-pathway-european-energy-transition_en[2022-09-15].

料电池与氢能技术联合研究规划》［Joint Research Programme on Fuel Cells and Hydrogen Technologies（JP FCH）：Implementation Plan 2018-2030］[1]，确定未来 10 年重点围绕电解质，催化剂与电极，电堆材料与设计，燃料电池系统，建模、验证与诊断，氢气生产与处理，以及储氢 7 个领域开展研究。2021 年，欧洲光伏技术和创新平台（ETIP-PV）制定了《欧洲光伏战略研究和创新议程》（The European Strategic Research and Innovation Agenda for Photovoltaics），提出了包含更高效率和更低成本的光伏组件等先进光伏技术开发技术路线图，将光伏定位于 2020～2030 年清洁能源转型核心[2]。

3. 英国推进电力系统等绿色低碳技术开发部署

2020 年 11 月，英国政府发布《绿色工业革命十点计划：更好地重建、支持绿色工业并加速实现净零排放》（The Ten Point Plan for a Green Industrial Revolution: Building Back Better, Supporting Green Jobs, and Accelerating Our Path to Net Zero）[3]，提出进一步强化英国在海上风能发电领域的优势，加强技术投资。2021 年，英国承诺到 2035 年实现电力系统脱碳，为确保目标实现，政府加强部署海上风能、氢气和太阳能、核能、陆上风能和碳捕获与封存等相关技术。2021 年，英国出台《国家氢能战略》（UK Hydrogen Strategy）[4]，将支持低碳氢技术的研究、创新和部署，助力英国 2030 年成为全球氢能领域的领导者。

4. 日本加强氢能等绿色技术研发部署

2019 年，日本发布《氢能与燃料电池技术开发战略》，确定了燃料

① European Energy Research Alliance. 2019. Joint Research Programme on Fuel Cells and Hydrogen technologies (JP FCH) Implementation Plan 2018 - 2030. https://www.eera-set.eu/component/attachments/?task=download&id=253[2022-09-15].

② Topič M, Drozdowski-Strehl R, Sinke W. 2021. European Strategic Research & Innovation Agenda (SRIA) for Photovoltaics –fit for 55% and climate neutrality. https://media.etip-pv.eu/filer_public/90/53/90536774-1311-4c54-aea7-05da84a2c1fb/sria_presentation_eu_pvsec_2021.pdf[2022-09-15].

③ GOV.UK. 2020. The Ten Point Plan for a Green Industrial Revolution. https://www.gov.uk/government/publications/the-ten-point-plan-for-a-green-industrial-revolution/title[2022-09-15].

④ GOV.UK. 2021. UK Hydrogen Strategy. https://www.gov.uk/government/publications/uk-hydrogen-strategy/uk-hydrogen-strategy-accessible-html-version[2022-09-15].

电池、氢能供应链、电解水产氢三大技术领域的研发部署。2020 年 1 月，日本发布《革新环境技术创新战略》，提出以氢能技术创新为突破口，构建氢能社会体系，构建完整供应链、产业链。日本的《2050 碳中和绿色增长战略》提出，推进可再生能源制氢技术的规模化应用[①]。

二、推进关键领域绿色低碳转型发展

1. 美国强化关键原材料供给能力

2022 年 2 月，拜登政府宣布投资扩大国内关键矿产供应链，在全球经济竞争时期减少对外国资源的依赖，确保电池、电动汽车、风力涡轮机和太阳能电池板等清洁能源技术的生产和应用[②]，保障制造业供应链的安全。2022 年 2 月，美国能源部发布《美国保障强韧清洁能源转型供应链安全战略》[③]（America's Strategy to Secure the Supply Chain for a Robust Clean Energy Transition）通过增加关键材料资源的可获取性、扩大国内制造能力等措施，强化安全、有弹性且多样化的生产基础，确立美国清洁能源制造全球领导者的地位。2022 年 2 月，美国国防部的工业基础分析和维持计划（Industrial Base Analysis and Sustainment Program）提供 3500 万美元，支撑美国端到端永磁供应链建设[④]。

2. 欧盟重点构建电池研究与创新生态系统

欧盟于 2017～2020 年陆续建立了欧洲电池联盟（European Battery

①　中国科学院文献情报中心 . 2022. 国际碳中和政策行动及其关注的科技问题 . 北京：科学出版社：21-35.

②　The White House. 2022. FACT SHEET: Securing a Made in America Supply Chain for Critical Minerals. https://www.whitehouse.gov/briefing-room/statements-releases/2022/02/22/fact-sheet-securing-a-made-in-america-supply-chain-for-critical-minerals/[2022-09-15].

③　United States Department of Energy. 2022. America's Strategy to Secure the Supply Chain for a Robust Clean Energy Transition. https://www.energy.gov/sites/default/files/2022-02/America's%20Strategy%20to%20Secure%20the%20Supply%20Chain%20for%20a%20Robust%20Clean%20Energy%20Transition%20FINAL.docx_0.pdf[2022-09-15].

④　MP Materials. 2022. MP Materials Awarded Department of Defense Heavy Rare Earth Processing Contract. https://investors.mpmaterials.com/investor-news/news-details/2022/MP-Materials-Awarded-Department-of-Defense-Heavy-Rare-Earth-Processing-Contract/default.aspx[2022-09-15].

Alliance）①、"电池欧洲"（Batteries Europe）技术创新平台②、"电池 2030+"（Battery 2030+）研究计划③、电池欧洲战略研究议程（Batteries Europe Strategic Research Agenda）④，构建起欧洲电池研究与创新生态系统，加速构建具有全球竞争力的欧洲电池产业。2020 年 12 月，欧盟委员会在"创新基金"（Innovation Fund）资助框架下，提供 1 亿欧元支持欧盟成员国、冰岛和挪威的能源密集型行业、氢能、储能和可再生能源市场低碳技术发展，推动欧洲的绿色复苏⑤。

3. 日本强化电池产业供应链绿色转型

日本的《2050 碳中和绿色增长战略》明确提出开发性能更优异、成本更低廉的新型电池技术，"绿色创新基金"已启动下一代蓄电池和电机专项资助计划，以增强蓄电池和电机的产业竞争力及构建未来汽车电气化的供应链与价值链。日本开展新型高效电池技术开发第二期项目，投资 100 亿日元，拟攻克全固态电池商业化应用的技术瓶颈，为在 2030 年左右实现规模化量产奠定技术基础⑥。

三、推进数字赋能绿色低碳转型发展

1. 美国应用智能技术推进制造业绿色转型

美国白宫科技政策办公室下设国家人工智能计划办公室（National

---

① European Commission. 2017. European Battery Alliance. https://single-market-economy. ec.europa.eu/industry/strategy/industrial-alliances/european-battery-alliance_en[2022-09-15].

② European Commission. 2016. SETIS - SET Plan Information System. https://setis.ec.europa.eu/ implementing-actions/batteries_en[2022-09-15].

③ BATTERY 2030+. 2020. BATTERY 2030+ has the Vision to Invent the Sustainable Batteries of the Future. https://battery2030.eu/battery2030/about-us/vision-aims/[2022-09-15].

④ European Commission. 2020. Batteries Europe Strategic Research Agenda. https://energy. ec.europa.eu/batteries-europe-strategic-research-agenda_en[2022-09-15].

⑤ European Commission. 2020. Second Innovation Fund Call for Projects: Commission to Invest € 100 Million in Innovative Small-scale Clean Technologies. https://climate.ec.europa.eu/news-your-voice/news/second-innovation-fund-call-projects-commission-invest-eu100-million-innovative-small-scale-clean-2020-12-01_en[2022-09-15].

⑥ 中国科学院文献情报中心 . 2022. 国际碳中和政策行动及其关注的科技问题 . 北京：科学出版社：95-125.

Artificial Intelligence Initiative Office）[①]，帮助制造业企业人工智能转型发展。2019 年，美国能源部成立人工智能与技术办公室（Artificial Intelligence and Technology Office），打造全球领先的人工智能（AI）科研机构，扩大国际伙伴关系，进行"人工智能+"创新，已开展了 AI 技术在清洁煤电、可再生能源、核能等领域的研究[②]。2022 年 2 月，美国能源部与清洁能源智能制造创新研究所（Clean Energy Smart Manufacturing Innovation Institute）合作，推进智能制造流程和技术改进，提高制造业生产率、能源效率和竞争力[③]。

2. 欧盟着力促进制造业数字赋能绿色转型发展

2021 年，欧盟启动能源部门数字化行动计划（Action Plan on the Digitalisation of The Energy Sector），提出能源转型的关键是进行能源全系统数字化改革，在能源供应、基础设施和消费部门加速实施数字化解决方案与现代能源系统集成[④]。2020 年 3 月，欧盟委员会公布了《欧洲工业战略》（European Industrial Strategy）[⑤]，将绿色可持续发展和数字化转型的概念嵌入欧洲工业的核心。《欧洲工业战略》将加强欧盟国家合作，加快可再生能源和电网投资，支持产业绿色和数字转型。

3. 英国加强能源领域数字转型

2021 年，英国政府与英国天然气和电力市场办公室（the Office

---

① United States Government. NAIIO – National Artificial Intelligence Initiative Office. https://www.ai.gov/about/#NAIIO-NATIONAL-ARTIFICIAL-INTELLIGENCE-INITIATIVE-OFFICE[2022-09-15].

② United States Department of Energy. 2022. Digital Climate Solutions Inventory. https://www.energy.gov/sites/default/files/2022-09/Digital_Climate_Solutions_Inventory.pdf[2022-09-15].

③ Office of Energy Efficiency & Renewable Energy. 2022. Department of Energy Awards $2.8 Million for 10 Projects that will Develop Emerging Technologies for Smart Manufacturing. https://www.energy.gov/eere/articles/department-energy-awards-28-million-10-projects-will-develop-emerging-technologies[2022-09-15].

④ European Commission. 2021. Action Plan on the Digitalisation of the Energy Sector – Roadmap Launched. https://commission.europa.eu/news/action-plan-digitalisation-energy-sector-roadmap-launched-2021-07-27_en[2022-09-15].

⑤ European Commission. 2021. European Industrial Strategy. https://single-market-economy.ec.europa.eu/industry/strategy_en[2022-09-15].

of Gas and Electricity Markets）联合发布《智能系统和灵活性计划》（Smart Systems and Flexibility Plan）和《能源数字化战略》（Energy Digitalisation Strategy），提出建立以数据和数字化为基础的智能灵活能源系统[①]。2021 年 7 月，英国商业、能源和产业战略部等部门发布《能源系统数字化以实现净零：2021 年战略与行动计划》（Digitalising Our Energy System for Net Zero: Strategy and Action Plan 2021）[②]，提出利用数字化优化能源系统中的低碳技术（包括太阳能光伏、电动汽车和热泵），降低能源系统脱碳的成本。

四、加强绿色低碳转型基础设施保障

1. 美国加强电网储能和输电基础设施建设

2021 年 3 月，美国能源部宣布耗资 7500 万美元设计和建造电网储能发射台（Grid Storage Launchpad），加速长时间、低成本电网储能开发和部署[③]。2022 年 1 月，美国能源部发起"建设更好的电网"（Building a Better Grid）倡议，在拜登总统《基础设施投资和就业法案》（Infrastructure Investment and Jobs Act）推动下，美国将在全国范围内新建和升级大容量输电线路基础设施，促进 2035 年实现 100% 清洁电力和 2050 年实现零排放的经济目标[④]。

① GOV.UK. 2021. Smart Technologies and Data to Future-Proof UK Energy. https://www.gov.uk/government/news/smart-technologies-and-data-to-future-proof-uk-energy[2022-09-15].

② Department for Business, Energy & Industrial Strategy, Innovate UK, OFGEM. 2021. Digitalising Our Energy System for Net Zero: Strategy and Action Plan 2021. https://assets.publishing.service.gov.uk/government/uploads/system/uploads/attachment_data/file/1004011/energy-digitalisation-strategy.pdf[2022-09-15].

③ United States Department of Energy. 2021. DOE Launches Design & Construction of $75 Million Grid Energy Storage Research Facility. https://www.energy.gov/articles/doe-launches-design-construction-75-million-grid-energy-storage-research-facility[2022-09-15].

④ Office of Electricity, U.S. Department of Energy. 2022. Building a Better Grid Initiative to Upgrade and Expand the Nation's Electric Transmission Grid to Support Resilience, Reliability, and Decarbonization. https://www.energy.gov/sites/default/files/2022-01/Transmission%20NOI%20final%20for%20web_1.pdf[2022-09-15].

2. 德国加强电动汽车和氢能基础设施建设部署

2020 年 6 月，德国政府宣布投入 25 亿欧元用于充电基础设施扩建[①]。联邦内阁通过的关于在建筑中建设电动汽车充电和供电线路基础设施的法律草案《建筑电动汽车基础设施法案》，进一步促进了德国电动汽车的发展，加速交通领域脱碳[②]。德国联邦经济和能源部（BMWi）和联邦环境、自然保护与核安全部（BMU）于 2021 年 2 月 22 日制定了新一轮"电动汽车项目计划"指南（2021～2025 年），把"电动汽车"关键零部件、"充电基础设施"及相关的跨系统联合创新智能化应用等列为优先支持的领域，旨在让德国在日益激烈的创新型电气化和数字化交通服务国际竞争中保持优势地位[③]。德国联邦经济和能源部集中负责资助 50 个项目，包括建设基础设施，推进 1700 公里长的氢管道建设，德国联邦交通部将推动发展全国性和跨境联网的加氢基础设施建设，推动清洁能源技术的发展与应用[④]。

第三节　中国制造业创新驱动绿色低碳转型发展现状

一、绿色低碳发展政策体系不断完善

1. 绿色低碳转型顶层设计不断完善

在 2020 年 9 月举行的第七十五届联合国大会一般性辩论上，习近平总书记提出了"二氧化碳排放力争于 2030 年前达到峰值，努力争取

① 驻德国使馆科技处 . 2020. 德国后疫情经济刺激方案涉科技内容 . http://de.china-embassy.gov.cn/kjcx/dgkjcxjb/202007/t20200708_3160229.htm[2022-09-15].

② 驻德国使馆科技处 . 2020. 德国政府通过关于在建筑中建设电动汽车充电和供电线路基础设施的法律 . http://de.china-embassy.gov.cn/kjcx/dgkjcxjb/202005/t20200528_3160225.htm[2022-09-15].

③ 驻德国使馆科技处 . 2021. 德国新一轮"电动汽车项目计划"指南简介 . http://de.china-embassy.gov.cn/kjcx/dgkjcxjb/202104/t20210409_9046618.htm[2022-09-15].

④ 驻德国使馆科技处 . 2021. 德国在氢技术应用研究领域新举措——62 个大型氢项目获国家资助 . http://de.china-embassy.gov.cn/kjcx/dgkjcxjb/202106/t20210622_9046620.htm[2022-09-15].

2060 年前实现碳中和"的目标[①]。2021 年 9 月，《中共中央 国务院关于完整准确全面贯彻新发展理念做好碳达峰碳中和工作的意见》提出[②]，加强绿色低碳重大科技攻关和推广应用，强化基础研究和前沿技术布局，加快先进适用技术研发和推广。2021 年 10 月，国务院发布《2030 年前碳达峰行动方案》[③]，提出实施能源绿色低碳转型行动、节能降碳增效行动、工业领域碳达峰行动、城乡建设碳达峰行动、交通运输绿色低碳行动、循环经济助力降碳行动、绿色低碳科技创新行动、碳汇能力巩固提升行动、绿色低碳全民行动、各地区梯次有序碳达峰行动等"碳达峰十大行动"。2021 年 12 月，工业和信息化部发布《"十四五"工业绿色发展规划》[④]，提出实施工业领域碳达峰行动、推进产业结构高端化转型、加快能源消费低碳化转型、促进资源利用循环化转型、推动生产过程清洁化转型、引导产品供给绿色化转型、加速生产方式数字化转型、构建绿色低碳技术体系、完善绿色制造支撑体系等九个重点任务。

2. 数字赋能制造业绿色低碳发展政策体系不断完善

我国从构建绿色低碳技术体系、优化产业结构、优化能源结构、促进信息化与工业化深度融合等方面不断完善创新驱动制造业绿色低碳发展政策体系。2021 年 11 月，工业和信息化部发布《"十四五"信息化和工业化深度融合发展规划》[⑤]，提出实施"互联网+"绿色制造行动，开展资源能源和污染物全过程动态监测、精准控制和优化管理，推动成熟绿色制造技术的创新应用。2021 年 12 月，工业和信息化部等

① 新华社. 2020. 习近平在第七十五届联合国大会一般性辩论上的讲话（全文）. http://politics.people.com.cn/n1/2020/0922/c1024-31871233.html[2020-09-22].

② 新华社. 2021. 中共中央 国务院关于完整准确全面贯彻新发展理念做好碳达峰碳中和工作的意见. http://www.gov.cn/zhengce/2021-10/24/content_5644613.htm[2021-10-24].

③ 国务院. 2021. 国务院关于印发 2030 年前碳达峰行动方案的通知. http://www.gov.cn/zhengce/content/2021-10/26/content_5644984.htm[2021-10-26].

④ 工业和信息化部. 2021. 工业和信息化部关于印发《"十四五"工业绿色发展规划》的通知. https://wap.miit.gov.cn/zwgk/zcwj/wjfb/tz/art/2021/art_4ac49eddca6f43d68ed17465109b6001.html[2021-12-03].

⑤ 工业和信息化部. 2021. 工业和信息化部关于印发"十四五"信息化和工业化深度融合发展规划的通知. https://wap.miit.gov.cn/zwgk/zcwj/wjfb/tz/art/2021/art_117ccbb3dd4f4a27b21d988fbaa8b625.html[2021-11-30].

八部门印发《"十四五"智能制造发展规划》①，提出构建虚实融合、知识驱动、动态优化、安全高效、绿色低碳的智能制造系统，推动制造业实现数字化转型、网络化协同、智能化变革。2021 年 12 月，中央网络安全和信息化委员会发布的《"十四五"国家信息化规划》②强调，加速数字化推动农业、制造业、服务业等产业的智慧绿色增长，以数字化引领绿色化，以绿色化带动数字化。

3. 清洁生产和能源高效利用政策体系不断完善

2020 年 4 月，第十三届全国人民代表大会常务委员会第十七次会议审议通过了修订后的《中华人民共和国固体废物污染环境防治法》③，提出制定防治工业固体废物污染环境的技术政策，组织推广先进的防治工业固体废物污染环境的生产工艺和设备。2021 年 11 月，《中共中央 国务院关于深入打好污染防治攻坚战的意见》提出④，引导重点行业深入实施清洁生产改造，大力推行绿色制造，构建资源循环利用体系，推动煤炭等化石能源的清洁高效利用。2021 年 11 月，国家能源局、科学技术部制定《"十四五"能源领域科技创新规划》⑤，提出研发更高效、更经济、更可靠的水能、风能、太阳能、生物质能、地热能及海洋能等可再生能源先进发电及综合利用技术。2022 年 3 月，国家发展和改革委员会、国家能源局发布《"十四五"现代能源体系规划》⑥，强调壮

① 工业和信息化部，国家发展和改革委员会，教育部，等 . 2021. 八部门关于印发《"十四五"智能制造发展规划》的通知 . https://wap.miit.gov.cn/zwgk/zcwj/wjfb/tz/art/2021/art_1c779648 523c40f3a0e2ea044ff8f24b.html[2021-12-28].

② 中央网络安全和信息化委员会 . 2021. "十四五"国家信息化规划 . http://www.cac.gov.cn/ 2021-12/27/c_1642205314518676.htm[2021-12-27].

③ 中华人民共和国固体废物污染环境防治法 . http://www.gov.cn/xinwen/2020-04/30/content_ 5507561.htm[2020-04-30].

④ 新华社 . 2021. 中共中央 国务院关于深入打好污染防治攻坚战的意见 . http://www.gov.cn/ zhengce/2021-11/07/content_5649656.htm[2021-11-07].

⑤ 国家能源局，科学技术部 . 2021. 国家能源局 科学技术部关于印发《"十四五"能源领域科技创新规划》的通知 . http://zfxxgk.nea.gov.cn/2021/11/29/c_1310540453.htm[2021-11-29].

⑥ 国家发展和改革委员会，国家能源局 . 2022. 国家发展改革委 国家能源局关于印发《"十四五"现代能源体系规划》的通知 . https://www.ndrc.gov.cn/xxgk/zcfb/ghwb/202203/t20220322_ 1320016.html?code=&state=123[2022-03-22].

大清洁能源产业，实施可再生能源替代行动，推动构建新型电力系统，促进新能源占比逐渐提高，推动煤炭和新能源优化组合。2022 年 2 月，《国家发展改革委 国家能源局关于完善能源绿色低碳转型体制机制和政策措施的意见》[①] 提出，引导工业企业开展清洁能源替代，降低单位产品碳排放，鼓励具备条件的企业率先形成低碳、零碳能源消费模式。2022 年 2 月，国家发展和改革委员会、工业和信息化部、生态环境部、国家能源局发布《高耗能行业重点领域节能降碳改造升级实施指南（2022 年版）》[②]，聚焦炼油行业、现代煤化工行业、水泥行业、有色金属冶炼行业等高耗能产业，推动节能减污降碳协同增效的绿色共性关键技术、前沿引领技术和相关设施装备攻关。

4. 绿色低碳转型发展标准化环境不断完善

2021 年 2 月，国务院发布《国务院关于加快建立健全绿色低碳循环发展经济体系的指导意见》[③]，提出开展绿色标准体系顶层设计和系统规划，形成全面系统的绿色标准体系，积极引领和参与相关国际标准的制定。2021 年 10 月，中共中央、国务院印发《国家标准化发展纲要》[④]，提出完善绿色发展标准化环境，建立健全碳达峰、碳中和标准，持续优化生态系统建设和保护标准，推进自然资源节约集约利用，筑牢绿色生产标准基础，强化绿色消费标准引领。2022 年 1 月，生态环境部发布《"十四五"生态环境监测规划》[⑤]，提出发挥标准的引领作用，优化监测标准管理与验证机制，加快形成覆盖到位、协调统一、先进

① 国家发展和改革委员会，国家能源局 . 2022. 国家发展改革委 国家能源局关于完善能源绿色低碳转型体制机制和政策措施的意见 . http://www.gov.cn/zhengce/zhengceku/2022-02/11/content_5673015.htm[2022-02-11].

② 国家发展和改革委员会，工业和信息化部，生态环境部，等 . 2022. 关于发布《高耗能行业重点领域节能降碳改造升级实施指南（2022 年版）》的通知 . https://www.ndrc.gov.cn/xwdt/tzgg/202202/t20220211_1315447.html[2022-02-11].

③ 国务院 . 2021. 国务院关于加快建立健全绿色低碳循环发展经济体系的指导意见 . http://www.gov.cn/zhengce/content/2021-02/22/content_5588274.htm?xyFrom=site-NT[2021-02-22].

④ 新华社 . 2021. 中共中央 国务院印发《国家标准化发展纲要》. http://www.gov.cn/zhengce/2021-10/10/content_5641727.htm[2021-10-10].

⑤ 生态环境部 . 2021. 关于印发《"十四五"生态环境监测规划》的通知 . https://www.mee.gov.cn/xxgk2018/xxgk/xxgk03/202201/t20220121_967927.html[2022-01-21].

适用的监测标准体系。根据中国标准化研究院资源环境研究分院组织编写的《碳达峰碳中和标准体系建设进展报告》①，截至 2021 年 10 月，我国在能源领域的行业标准有 6100 余项，绿色、节能、可再生能源、循环经济、能效、能耗、温室气体等领域的行业标准 700 余项。

5. 我国制造业绿色低碳发展的政策制定还有待进一步完善

例如，支撑工业碳减排的财税和金融支持政策有待强化。根据相关机构的研究，中国实现碳中和大约需要 140 万亿元的投资②。有研究显示，中国 2030 年实现"碳达峰"每年资金需求约为 3.1 万亿～3.6 万亿元，而目前每年资金缺口超过 2.5 万亿元③。

6. 制造业绿色低碳发展政策实施还有待进一步完善

例如，全国碳市场于 2021 年 7 月启动上线，还处于刚刚起步阶段，目前仅纳入电力行业，覆盖范围有待扩大，而且碳交易方式以现货交易为主，尚未引入期权、期货等金融产品，金融工具较为匮乏④。此外，企业绿色低碳发展信息披露监管也存在一定问题。尽管我国已经出台了《环境信息依法披露制度改革方案》⑤《企业环境信息依法披露管理办法》⑥等制度，但仍有部分控排企业存在碳排放数据弄虚作假问题⑦。

---

① 中国标准化研究院资源环境研究分院. 2021. 碳达峰碳中和标准体系建设进展报告. https:// img76.hbzhan.com/4/20211026/637708402507729772173.pdf[2021-10-26].

② 周小川：实现碳中和需要动员巨额投资，金融业可从四方面助力. https://www.thepaper.cn/ newsDetail_forward_18825667[2022-07-01].

③ 刘满平. 2021. 我国实现"碳中和"目标的意义、基础、挑战与政策着力点. 价格理论与实践, (2):8-13.

④ 陈骁，张明. 2022. 碳排放权交易市场：国际经验、中国特色与政策建议. 上海金融, (9): 22-33.

⑤ 生态环境部. 2021. 关于印发《环境信息依法披露制度改革方案》的通知. https://www.mee. gov.cn/xxgk2018/xxgk/xxgk03/202105/t20210525_834444.html[2021-05-25].

⑥ 生态环境部. 2021. 企业环境信息依法披露管理办法. https://www.mee.gov.cn/xxgk2018/xxgk/ xxgk02/202112/t20211221_964837.html?mc_cid=45e6a7ad33&mc_eid=627c47469b[2021-12-21].

⑦ 生态环境部. 2022. 生态环境部公开中碳能投等机构碳排放报告数据弄虚作假等典型问题案例（2022 年第一批突出环境问题）. https://www.mee.gov.cn/ywgz/ydqhbh/wsqtkz/202203/ t20220314_971398.shtml[2022-03-14].

二、绿色低碳技术创新能力不断提升

1. 国家科技计划加强前瞻部署

《2030 年前碳达峰行动方案》提出，在国家重点研发计划中设立碳达峰碳中和关键技术研究与示范等重点专项，实施一批具有前瞻性、战略性的国家重大前沿科技项目。科学技术部、国家自然科学基金委员会、中国科学院等纷纷布局绿色低碳发展科技计划，探究绿色低碳发展科学问题。2021 年 4 月，国家自然科学基金委员会地球科学部和管理科学部联合启动"面向国家碳中和的重大基础科学问题与对策"专项项目[①]。同年，中国科学院学部启动了"中国碳中和框架路线图研究"重大咨询项目[②]。2021 年 5 月，科学技术部发布国家重点研发计划"氢能技术""储能与智能电网技术"等重点专项 2021 年度项目申报指南[③]；2022 年 4 月，科学技术部公布了"循环经济关键技术与装备""大气与土壤、地下水污染综合治理"等 4 个重点专项 2022 年度项目申报指南[④]。

2. 绿色低碳科技创新平台不断涌现

聚焦循环经济、节能减排、能源科技等方面，建设以高效灵活煤电及碳捕集利用封存全国重点实验室、全国循环经济工程实验室、国家动力电池创新中心、国家增材制造创新中心、国家新能源汽车技术创新中心、清洁低碳热力发电系统集成及运维国家工程研究中心等为代表的全国重点实验室、国家制造业创新中心、国家技术创新中心、

① 国家自然科学基金委员会. 2021. 2021 年度国家自然科学基金专项项目指南——面向国家碳中和的重大基础科学问题与对策. https://www.nsfc.gov.cn/publish/portal0/tab434/info81000. htm[2021-04-30].

② 何京东，曹大泉，段晓男，等. 发挥国家战略科技力量作用，为"双碳"目标提供有力科技支撑. 中国科学院院刊，2022，37(4)：415-422.

③ 科学技术部. 2021. 科技部关于发布国家重点研发计划"信息光子技术"等"十四五"重点专项 2021 年度项目申报指南的通知. https://service.most.gov.cn/kjjh_tztg_all/20210511/4281. html[2021-05-11].

④ 科学技术部. 2022. 科技部关于发布国家重点研发计划"循环经济关键技术与装备"等重点专项 2022 年度项目申报指南的通知. https://service.most.gov.cn/kjjh_tztg_all/20220418/4886. html[2022-04-18].

国家工程研究中心等创新平台，强化制造业绿色低碳转型发展技术供给及转化应用。

3. 绿色低碳技术装备和产品供给能力不断增强

过去十年间，工业和信息化部累计推荐节水工艺技术装备 353 项、工业资源综合利用先进适用工艺技术及装备 350 项，推广近 2 万种绿色产品，培育国家绿色数据中心 153 个[①]。能源领域重大技术和装备不断取得突破，例如，十兆瓦级海上风电机组完成吊装，自主研发建造的全球首座十万吨级深水半潜式生产储油平台"深海一号"投运，自主研发完成"华龙一号"和"国和一号"百万千瓦级三代核电[②]。

需要指出的是，我国部分绿色低碳技术领域仍面临"卡脖子"问题。部分产业节能降碳技术水平不高，例如在钢铁行业，我国粗钢的生产工艺以高炉－转炉等长流程炼钢方式为主，占比达 90%[③]，从长流程高炉－转炉减排转到短流程电炉的工艺、原材料还不成熟[④]。新能源开发及储能技术还存在短板，例如，我国液氢储运技术和装备与发达国家相比还存在较大差距[⑤]，钠硫电池、铅碳电池、超级电容器、锂离子电池等部分储能材料严重依赖进口[⑥]。中国科学院组织的先进能源 2035 技术预见结果表明，在先进能源领域 91 项技术课题中，中国处于国际领先水平的仅 3 项，而美国有 41 项研发水平位居世界第一[⑦]。

---

① 节能与综合利用司，财务司，原材料工业司，等 . 2022. 推动工业绿色低碳循环发展！"新时代工业和信息化发展"系列主题新闻发布会第八场今日举行 . https://wap.miit.gov.cn/gzcy/zbft/art/2022/art_ba39f22f65d74a788d85f82f6f9b8409.html[2022-09-16].

② 国家能源局，科学技术部 . 2022. 关于印发《"十四五"能源领域科技创新规划》的通知 . http://www.gov.cn/zhengce/zhengceku/2022-04/03/content_5683361.htm[2022-04-03].

③ 探索钢铁行业绿色发展路径：CCUS 技术 . http://www.xinhuanet.com/science/2022-08/22/c_1310654547.htm[2022-08-22].

④ 张平 . 2022. 中国经济绿色转型的路径、结构与治理 . 社会科学战线，326(8): 69-81.

⑤ 于潇 . 2022. 代表委员谈"双碳"和氢能利用：突破"卡脖子"技术瓶颈 . https://www. 12309. gov.cn/llzw/jsjd/202203/t20220307_547825.shtml[2022-03-07].

⑥ 碳信托，中关村储能联盟 . 2021. 中国低碳技术创新需求评估——以储能行业为例 . https://www.efchina.org/Reports-zh/report-po-20211020-2-zh[2021-10-20].

⑦ 中国科学院创新发展研究中心，中国先进能源技术预见研究组 . 2020. 中国先进能源 2035 技术预见 . 北京：科学出版社 .

三、绿色低碳新兴产业不断发展壮大

1. 节能环保产业不断壮大 [①]

我国节能环保产业产值由 2015 年的 4.5 万亿元上升到 2020 年的 7.5 万亿元左右 [②]。中国节能协会节能服务产业委员会（EMCA）数据显示，2020 年我国节能服务产业总产值达 5917 亿元，同比增长 13.3%。2013～2021 年，规模以上生态资源监测、环境治理业、与城乡生活垃圾综合利用有关的环境卫生管理企业营业收入年均复合增长率分别为 22.5%、13.4% 和 17.8% [③]。生态环境部科技与财务司、中国环境保护产业协会编制的《2021 中国环保产业发展状况报告》显示，2020 年全国环保产业营业收入约 1.95 万亿元，较 2019 年增长约 7.3%，2016～2020 年，环保产业营业收入年均复合增长率为 14.1%。

2. 新能源及新能源汽车产业不断壮大

光伏等新能源产业的全球竞争力持续巩固。《中国应对气候变化的政策与行动》白皮书显示，截至 2020 年底，中国多晶硅、光伏电池、光伏组件等产品产量占全球总产量的份额均位居全球第一，连续 8 年成为全球最大新增光伏市场。中国新能源汽车的销量和市场占有率大幅提升。中国汽车工业协会统计分析，2021 年我国新能源汽车全年销量超过 350 万辆，同比增长 120%，市场占有率从 2020 年的 5.4% 上升至 13.4% [④]。

3. 数字赋能新产业新业态新模式不断涌现

新一代信息技术与传统制造业深度融合，有助于加强生产监测、

①　根据《节能环保清洁产业统计分类（2021）》，节能环保产业是指以实现高效节能、先进环保和资源综合利用为目的，提供相应产品或服务的产业。该产业包括高效节能产业、先进环保产业、资源循环利用产业、绿色交通车船和设备制造产业等四大领域。

②　国家发展改革委. 2020 年我国资源节约和环境保护工作成效显著 确保"十三五"各项任务圆满收官. https://mp.weixin.qq.com/s/OCNSLCxX2jEnzhevNx0-pg?[2021-02-03].

③　国家统计局. 2022. 服务业释放主动力 新动能打造新引擎——党的十八大以来经济社会发展成就系列报告之五. http://www.stats.gov.cn/tjsj/sjjd/202209/t20220920_1888498.html[2022-09-20].

④　中国汽车工业协会. 2022. 产业运行 | 2021 年汽车工业经济运行情况. http://www.caam.org.cn/chn/1/cate_148/con_5235337.html[2022-01-12].

优化制造业流程、减少非必要资源消耗带来的碳排放。我国数字经济蓬勃发展，带动了工业互联网、大数据等产业蓬勃发展，同时，催生了数字化管理、平台化设计、智能化制造、网络化协同、个性化定制、服务化延伸等新模式新业态，数字经济基础不断夯实。《国务院关于数字经济发展情况的报告》显示，截至 2021 年，我国工业互联网核心产业规模超过 1 万亿元；截至 2022 年 6 月底，我国规模以上工业企业关键工序数控化率、数字化研发设计工具普及率分别达 55.7% 和 75.1%[①]。

同时，我国数字赋能绿色低碳产业发展也面临一些问题。工业化、信息化、绿色化"三化融合"步伐缓慢，根据工信部发布的《工业互联网平台评价方法》，对工业互联网平台产出效益的评价仍然侧重于经济效益，对环境效益的关注度不够。此外，新产业新模式新业态"三新并举"相关人才数量不足，高德纳（Gartner）公司 2018 年一项针对460 名企业高管的调查显示，人才缺失是开展数字业务的最大障碍[②]。

四、绿色低碳发展生产体系不断健全

1. 资源循环利用能力不断提升

党的十八大以来，我国培育了近 800 家再生资源综合利用行业骨干企业，建成覆盖 31 个省（自治区、直辖市）超过 1 万个新能源汽车动力电池回收服务网点[③]。2020 年，我国冶金渣、尾矿等大宗工业固体废弃物综合利用量约 20 亿吨，废纸、废钢铁、废塑料等 10 种主要品种再生资源回收利用量达到 3.8 亿吨[④]。

---

① 何立峰. 2022. 国务院关于数字经济发展情况的报告——2022 年 10 月 28 日在第十三届全国人民代表大会常务委员会第三十七次会议上. http://www.npc.gov.cn/npc/c30834/202211/dd847f6232c94c73a8b59526d61b4728.shtml[2022-11-14].
② Gartner. 2018. Gartner Survey Reveals That CEO Priorities are Shifting to Embrace Digital Business. https://www.gartner.com/en/newsroom/press-releases/2018-05-01-gartner-survey-reveals-that-ceo-priorities-are-shifting-to-embrace-digital-business[2018-05-01].
③ 工业和信息化部. 2022. 工信部举行"新时代工业和信息化发展"系列发布会（第八场）. http://www.scio.gov.cn/xwfbh/gbwxwfbh/xwfbh/gyhxxhb/Document/1730732/1730732.htm[2022-09-16].
④ 王政. 2021. 我国大宗工业固体废弃物年综合利用量约 20 亿吨. http://paper.people.com.cn/rmrb/html/2021-12/07/nw.D110000renmrb_20211207_5-11.htm[2021-12-07].

2. 再制造产业集群不断涌现

赛迪智库研究表明，2005 年我国再制造产业产值不足 0.5 亿元，2015 年达到了 500 亿元，2020 年底达到 2000 亿元，形成了长沙（浏阳、宁乡）国家再制造产业示范基地、上海临港再制造产业示范基地等再制造产业示范基地[①]。2021 年，上海市实现再制造产值约 45 亿元，同比增长 7%，其中，当年再制造航空发动机 133 台、再制造汽车发动机 1.2 万台、变速箱 2.6 万个、小型工程设备 10 万余个、大型工程机械零部件 1.2 万余个、再制造服务器及存储设备 2 万余台[②]。

3. 绿色供应链管理能力不断增强

越来越多市场主体开始发挥自身在供应链中的带动作用，持续完善绿色供应链链条，加强绿色供应链管理。例如，利亚德光电股份有限公司制定了《绿色供应链建设实施方案》（2016～2020 年），以"绿色设计＋绿色采购＋绿色生产＋绿色物流＋绿色销售＋绿色回收"六个板块打造绿色供应链体系[③]；同方威视技术股份有限公司引入三维软件与产品数据管理系统，对公司节能减排信息、供应商节能减排信息及社会责任报告进行披露；禧天龙科技发展有限公司制定了《绿色供应链管理目标与实施方案》等文件，将一级供应商绿色供应链管理延伸到二级供应商。

我国制造业绿色低碳发展生产体系仍然面临一些问题。现阶段绿色生产和绿色消费的经济基础还不够牢固、政策支持力度不足，企业绿色低碳生产的成本较高。2021 年 5 月，德勤中国发布的《中国企业脱碳准备度调研报告》指出，有 36% 和 29% 的受访企业分别认为"缺乏成本有效的解决方案"和"缺乏清晰的商业／财务激励"是其绿色低

① 李鹏梅 . 2022. 我国再制造产业迎来规模化发展的重要机遇期 . http://d.drcnet.com.cn/eDRCNet.Common.Web/DocDetail.aspx?DocID=6415176&leafid=18528&chnid=4799[2022-03-29].
② 上海市经济和信息化委员会 . 2022. 本市资源综合利用总体水平和效率继续领先全国——《2022 上海市循环经济和资源综合利用产业发展报告》发布 . http://sheitc.sh.gov.cn/zxxx/20220914/021c6fe1539f4d54b01185f3a3d41200.html[2022-09-14].
③ 绿色供应链助力碳中和！利亚德入选工信部"2021 年度绿色制造"企业 . https://www.leyard.com/cmscontent/2073.html[2021-12-27].

碳转型面临的主要挑战。此外，2022 年 3 月欧盟理事会宣布，通过欧盟碳边境调节机制（CBAM）拟对来自碳排放限制相对宽松国家和地区的铝、钢铁、水泥、肥料等进口商品征税。受生产技术、贸易结构等因素的影响，中国向欧盟出口产品的隐含碳排放量相对较高①，碳边境调节机制将间接提升我国高耗能产品的生产成本。

第四节　中国制造创新驱动数字赋能绿色发展政策取向

坚定不移地实施制造强国和网络强国战略，统筹处理好发展和减排、整体和局部、长远目标和短期目标、政府和市场的关系，全方位全过程地推行绿色研发、绿色设计、绿色生产、绿色服务，以提升制造业创新发展能力为主线，以数字化智能化赋能绿色化，着力构建制造业绿色低碳技术创新体系，着力建设绿色制造体系，着力提升制造业绿色设计和绿色服务能力，着力推进绿色产业链、供应链高质量发展，全面推动制造业创新驱动数字赋能绿色低碳转型发展，实现工业文明与生态文明和谐共融。

一、强化数字赋能绿色创新能力建设

实施中国制造数字赋能绿色低碳技术创新工程。组织实施制造领域绿色低碳科技创新基地建设专项，推进相关领域国家企业技术中心、全国重点实验室布局、国家技术创新中心、国家工程研究中心建设和数字转型发展；组织实施制造领域国家科技计划"数字赋能绿色低碳专项"，布局绿色低碳基础零部件、基础工艺、关键基础材料颠覆性技术研发，系统推进新能源开发、二氧化碳捕集利用、前沿储能等

① Christopher Kardish，段茂盛，陶玉洁，等 . 2021. 欧盟碳边境调节机制与中国：政策设计选择、潜在应对措施及可能影响 . http://www.3e.tsinghua.edu.cn/cn/article/114[2023-01-17].

绿色低碳关键核心技术攻关和技术（系统）创新。实施绿色低碳技术应用示范专项。设立绿色低碳重大技术装备专项基金，支持绿色低碳重大技术装备创新联合体发展，聚焦钢铁、石化化工、有色金属、机械、轻工、纺织等行业，深度融合新一代信息技术，推广应用绿色低碳新技术、新工艺、新设备、新材料，推进生产工艺深度脱碳、工业流程再造、二氧化碳回收循环利用，推动制造业数字赋能绿色转型发展。

二、强化数字赋能绿色设计能力建设

实施中国制造数字赋能绿色设计能力专项。引导绿色设计示范企业数字化转型，支持制造企业、绿色设计企业、国家（省级）工业设计研究院联合攻关，突破产品轻量化、模块化、集成化、智能化等绿色设计共性技术，推广运用数字化绿色设计方法与工具，开发高性能、高质量绿色低碳产品，提升数字化绿色设计能力。健全国家绿色产品认证制度，完善绿色设计标准体系，建立绿色产品（服务）认证与标识体系，引导企业开展绿色设计评价，以绿色设计推进产业绿色转型，提升绿色产品（服务）质量和效益。建设一批数字化绿色设计公共服务平台，运用大数据、云计算、人工智能等技术，强化绿色设计与产业链、供应链协同，推行产品全生命周期绿色管理，扩大绿色设计有效需求和有效供给，提升中国制造创新驱动数字赋能绿色设计能力。

三、强化数字赋能绿色生产能力建设

实施中国制造数字赋能绿色生产能力专项。强化工业互联网平台促进制造业绿色转型功能，支持企业建立数字化绿色低碳综合管理系统，加强绿色用能动态监测、精准控制和优化管理，统筹共享低碳信息基础数据和工业大数据资源，支撑生产流程再造、跨行业耦合、跨区域协同、跨领域配给，推动制造业数字化智能化绿色化发展。支持数字赋能基础制造工艺绿色化改造，以绿色制造标准为引领，加快清洁铸造、锻压焊接、表面处理等加工工艺的应用推广，推动数字赋能传统基础制造工艺的绿色转型发展。支持数字化绿色工厂和绿色工业园区发展，完善绿色产业链、供应链管理，推动用能设备和制造工艺数字化改造，采用清洁能源、先进节能技术、高效末端治理装备及关键工艺装备智能控制系统，实现生产洁净化、废物资源化和能源低碳化。

四、强化数字赋能绿色服务能力建设

实施中国制造数字赋能绿色服务能力专项。建设一批绿色科技企业孵化器、绿色科技企业加速器、绿色科技未来产业园，完善绿色低碳科技型企业孵化和未来产业培育服务体系，为绿色低碳科技型中小企业提供研发代工、技术熟化、中试验证、知识产权管理、资本市场对接等服务，培育一批绿色低碳科技企业和"专精特新"小巨人企业。建设一批绿色低碳技术公共服务平台和专业化服务机构，提升制造业数字赋能绿色转型服务能力，重点面向钢铁、建材、石化化工、有色金属等行业提供绿色诊断、标准计量、认证认可、检验检测等服务，为工业园区和企业提供绿色低碳规划和绿色低碳方案设计、绿色低碳技术验证和绿色低碳技术推广等服务，积极参与绿色服务国际标准和服务贸易规则的制定，培育一批有国际竞争力的绿色低碳产业集群。

五、培育数字赋能绿色科技领军企业

实施数字赋能绿色科技领军企业百强工程。支持绿色科技领军企业建设一批国家产业创新中心、国家制造业创新中心、国家工程研究中心和国家企业技术中心，强化企业创新体系与创新能力。支持绿色科技领军企业牵头组建高水平研究型高校和国家科研机构创新联合体，构建绿色制造领域战略科技力量主导的协同创新网络，强化产业链

（供应链）上中下游企业融通创新，推动数字赋能绿色低碳产业链（供应链）的高质量发展。支持绿色科技领军企业构建全球研发和生产体系，促进绿色低碳创新要素"走出去""引进来"，打造有国际竞争力的绿色低碳领域战略性新兴产业集群和先进制造业集群，加快创新驱动数字赋能新能源、新材料、新能源汽车、绿色智能船舶、绿色环保、高端装备等产业发展。

第二章

中国制造业创新发展绩效评估

第一节　制造业创新发展绩效内涵

　　2022 年 10 月，党的二十大报告将高质量发展确立为全面建设社会主义现代化国家的首要任务。创新在我国现代化建设全局中具有核心地位，是推动制造业智能化、数字化、绿色化发展的着力点。未来五年是全面建设社会主义现代化国家开局起步的关键时期，需要在经济高质量发展方面取得新突破，显著提升制造业的国际竞争力。制造业创新发展在构建新发展格局和建设现代化经济体系过程中尤为关键。2009 年，中国科学院创新发展研究中心提出创新发展的定义[①]：创新发展是创新驱动的发展，既体现了创新促进经济、社会发展的结果，也体现了科技创新能力自身的演进。

　　制造业创新发展绩效从制造业创新能力和制造业创新发展两个方面进行评估。制造业创新能力是指制造业在一定发展环境和条件下，从事技术发明、技术扩散、技术成果商业化等活动，实现节能、降耗、减排和获取经济收益的能力[②]。制造业创新能力建设是推动制造业高质量发展的关键，是现代化经济体系建设的重要内容之一，是我国提升综合国力、建设世界强国的必由之路。制造业创新发展是指制造业在一定发展

---

①② 中国科学院创新发展研究中心 . 2009. 2009 中国创新发展报告 . 北京：科学出版社 .

环境和条件下，自身科学技术的发展以及对经济和环境发展的带动，体现了制造业创新能力建设在促进经济和环境发展方面的重要作用。

第二节　制造业创新发展绩效测度方法

一、制造业创新发展绩效评估框架

制造业创新发展绩效由制造业创新能力指数和制造业创新发展指数衡量，制造业创新能力指数由制造业创新实力指数和制造业创新效力指数构成，反映中国制造业不同行业在创新投入、创新条件、创新产出、创新影响等方面的特点和演进趋势。制造业创新发展指数由科技发展指数、经济发展指数和环境发展指数构成，反映中国制造业不同行业科技发展水平及其对经济、环境发展的带动作用（图 2-1）。

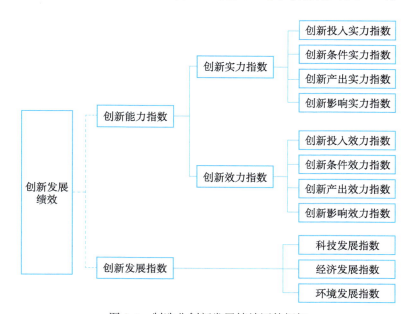

图 2-1　制造业创新发展绩效评估框架

二、制造业创新能力指数

制造业创新能力评价指标体系从创新实力和创新效力两个方面表征制造业创新能力，涉及创新投入、创新条件、创新产出、创新影响四个方面。指标体系包括 2 个一级指数、8 个二级指数、31 个三级指标。制造业创新实力指数主要反映制造业创新活动规模，涉及创新投入实力、创新条件实力、创新产出实力、创新影响实力四类 13 个总量指标；制造业创新效力指数主要反映制造业创新活动效率和效益，涉及创新投入效力、创新条件效力、创新产出效力、创新影响效力四类 18 个均量指标，如表 2-1 所示。

表 2-1　制造业创新能力评价指标体系

一级指数		二级指数		三级指标	
指数名称	权重	指数名称	权重	指标名称	权重
创新实力 指数	0.50	创新投入 实力指数	0.2	R&D（研究与开发）人员全时当量	0.4
				R&D 经费内部支出	0.4
				消化吸收经费	0.2
		创新条件 实力指数	0.2	企业办研发机构仪器和设备原价	0.2
				企业办研发机构数	0.3
				发明专利拥有量	0.3
				企业办研发机构人员数	0.2
		创新产出 实力指数	0.3	发明专利申请量	0.6
				实用新型和外观设计专利申请量	0.4
		创新影响 实力指数	0.3	专利所有权转让及许可收入	0.4
				利润总额	0.15
				新产品出口	0.2
				新产品销售收入	0.25
创新效力 指数	0.50	创新投入 效力指数	0.2	R&D 人员全时当量占从业人员比例	0.4
				R&D 经费内部支出占主营业务收入比例	0.3
				有 R&D 活动的企业占全部企业比例	0.15
				消化吸收经费与技术引进经费比例	0.15

续表

一级指数		二级指数		三级指标	
指数名称	权重	指数名称	权重	指标名称	权重
创新效力指数	0.50	创新条件效力指数	0.2	单位企业办研发机构数对应的企业办研发机构仪器和设备原价	0.2
				单位企业办研发机构人员数对应的企业办研发机构仪器和设备原价	0.3
				企均有效发明专利数	0.2
				设立研发机构的企业占全部企业的比例	0.3
		创新产出效力指数	0.3	每万名 R&D 人员全时当量发明专利申请数	0.3
				每亿元 R&D 经费发明专利申请量	0.3
				每万名 R&D 人员全时当量实用新型和外观设计专利申请量	0.2
				每亿元 R&D 经费实用新型和外观设计专利申请量	0.2
		创新影响效力指数	0.3	单位能耗对应的利润总额	0.2
				单位从业人员利润	0.15
				新产品出口与新产品销售收入比例	0.1
				新产品开发支出与新产品销售收入比例	0.2
				新产品销售收入占主营业务收入比例	0.15
				每万名 R&D 人员全时当量专利所有权转让及许可收入	0.2

资料来源:《中国工业统计年鉴》(2012~2020 年)、《中国统计年鉴》(2012~2021 年)、《工业企业科技活动统计年鉴》(2012~2016 年)、《企业研发活动统计资料》(2016~2019 年)、《企业研发活动统计年鉴》(2020 年)。

注:指数(指标)权重依据专家赋权确定。

三、制造业创新发展指数

制造业创新发展评价指标体系从科技发展指数、经济发展指数和环境发展指数三个方面表征制造业创新发展水平。指标体系包括 3 个一级指数、11 个二级指标。制造业科技发展指数主要反映制造业科技发展水平,制造业经济发展指数主要反映制造业创新驱动经济发展水平,制造业环境发展指数主要反映制造业绿色低碳发展水平,如表 2-2 所示。

表 2-2　制造业创新发展评价指标体系

一级指数		二级指标	
指数名称	权重	指标名称	权重
科技发展指数	0.4	企业办研发机构人员数中博士占比	0.3
		单位主营业务收入发明专利申请数	0.3
		单位主营业务收入实用新型和外观设计专利申请数	0.1
		企业办研发机构人员数对应的有效发明专利数	0.3
经济发展指数	0.3	利润总额与主营业务收入比例	0.3
		单位从业人员主营业务收入	0.3
		在实现产品创新企业中有国际市场新产品的企业占比	0.2
		新产品（仅国际市场新的产品）销售收入占主营业务收入的比重	0.2
环境发展指数	0.3	单位能耗对应的利润总额	0.4
		单位氨氮排放量对应的利润总额	0.3
		单位二氧化硫排放量对应的利润总额	0.3

　　资料来源：《中国环境统计年鉴》（2017～2021 年）、《全国企业创新调查年鉴》（2014、2017～2021 年）、《中国工业统计年鉴》（2013～2021 年）、《中国统计年鉴》（2013～2021 年）、《工业企业科技活动统计年鉴》（2013～2016 年）、《企业研发活动情况统计资料》（2016～2019 年）、《企业研发活动情况统计年鉴》（2021 年）。
　　注：指数（指标）权重依据专家赋权确定。

四、计算方法和资料来源

　　制造业创新能力指数和制造业创新发展指数是按照制造业创新能力评价指标体系和制造业创新发展评价指标体系，利用数据标准化方法及加权求和法，对有关数据进行加权汇总的结果，反映了制造业在 2012～2020 年的创新能力和创新发展情况。在数据标准化处理时，本书结合指标发展趋势分析和专家判断来选取标准化参考值，这不仅使制造业创新能力指数和制造业创新发展指数具有历史可比性，而且使这些指数未来几年的监测结果和之前的监测结果也具有可比性。

　　本书采用的数据均来源于公开出版的统计年鉴，主要包括《中国环境统计年鉴》（2017～2021 年）、《全国企业创新调查年鉴》（2014、

2017~2021年）、《中国工业统计年鉴》（2013~2021年）、《中国统计年鉴》（2013~2021年）、《工业企业科技活动统计年鉴》（2013~2016年）、《企业研发活动情况统计资料》（2016~2019年）、《企业研发活动情况统计年鉴》（2021年）。本书采用的数据统计口径主要为大中型工业企业，其中《全国企业创新调查年鉴》数据统计口径为规模以上工业企业，《中国环境统计年鉴》数据统计口径为工业行业整体数据。2012~2016年，按照《统计上大中小微型企业划分办法》（国统字〔2011〕75号）确定的，大中型工业企业指同时满足年末从业人员人数在300人及以上、年营业收入在2000万元及以上的工业企业，大型企业指同时满足年末从业人员人数在1000人及以上、年营业收入在4亿元及以上的工业企业，中型企业指年末从业人员人数为300人（含）至1000人（不含）并且年营业收入为2000万元（含）至4亿元（不含）的工业企业。2017~2020年，按照《国家统计局关于印发〈统计上大中小微型企业划分办法（2017）〉的通知》（国统字〔2017〕213号）确定的，大中型工业企业指同时满足年末从业人员人数在300人及以上、年营业收入在2000万元及以上的工业企业，大型企业指同时满足年末从业人员人数在1000人及以上、年营业收入在4亿元及以上的工业企业，中型企业指年末从业人员人数为300人（含）至1000人（不含）并且年营业收入为2000万元（含）至4亿元（不含）的工业企业。2012~2020年，规模以上工业企业的统计范围均为年营业收入2000万元及以上的工业法人单位。

制造业创新发展绩效的评价对象为制造业的30个行业，包括"石油、煤炭及其他燃料加工业""化学原料和化学制品制造业""黑色金属冶炼和压延加工业""有色金属冶炼和压延加工业""化学纤维制造业""纺织业""金属制品业""非金属矿物制品业""木材加工和木、竹、藤、棕、草制品业""废弃资源综合利用业""造纸和纸制品业""橡胶和塑料制品业""农副食品加工业""纺织服装、服饰业""印刷和记录媒介复制业""食品制造业""通用设备制造业""金属制品、机械和设备修理业""铁路、船舶、航空航天和其他运输设备制造业""皮革、毛皮、羽毛及其制品和制鞋业""家具制造业""文教、工美、体育和娱乐用品制造业""专用设备制造业""计算机、通信和其他电子设备制造业""医药制造业""电气机械和器材制造业""汽车制造业""酒、饮料和精制茶制造业""仪器仪表制造业""其他制造业"[1]。由于"烟草制品业"性质特殊，无法用本指标体系体现该行业的创新能力，故本书未对"烟草制品业"进行创新发展绩效评价。

第三节　中国制造业创新发展格局分析

一、制造业创新能力指数分析

2020 年，中国制造业创新能力指数总体表现相对较好（图 2-2）。创新能力指数得分排名前 10 位的行业多为知识和技术密集型产业，分别是"计算机、通信和其他电子设备制造业""电气机械和器材制造业""汽车制造业""专用设备制造业""铁路、船舶、航空航天和其他运输设备制造业""医药制造业""仪器仪表制造业""通用设备制造业""化学原料和化学制品制造业""其他制造业"，其中"计算机、通信和其他电子设备制造业"2020 年创新能力指数得分为 52.27，远超其他行业；第 2 位的"电气机械和器材制造业"创新能力指数得分也远高于第 3 位的"汽车制造业"。

---

[1]《国民经济行业分类与代码》自 1984 年发布以来，随着我国产业结构的调整及对外开放的扩大等需要，现已经过了四次修订，分别是 1994 年、2002 年、2011 年和 2017 年。根据国家统计局通知：《国民经济行业分类》（GB/T 4754—2017）国家标准第 1 号修改单已经国家标准化管理委员会于 2019 年 3 月 25 日批准，自 2019 年 3 月 29 日起实施。从 2017 年起，制造业共 31 个大类，在 GB/T 4754—2011 的基础上，改"石油加工、炼焦和核燃料加工业"为"石油、煤炭及其他燃料加工业"。本书在对比 GB/T 4754—2017 与 GB/T 4754—2011 的基础上，结合行业具体细分科目的改变、数据的可得性等情况，综合选取了 30 个行业。

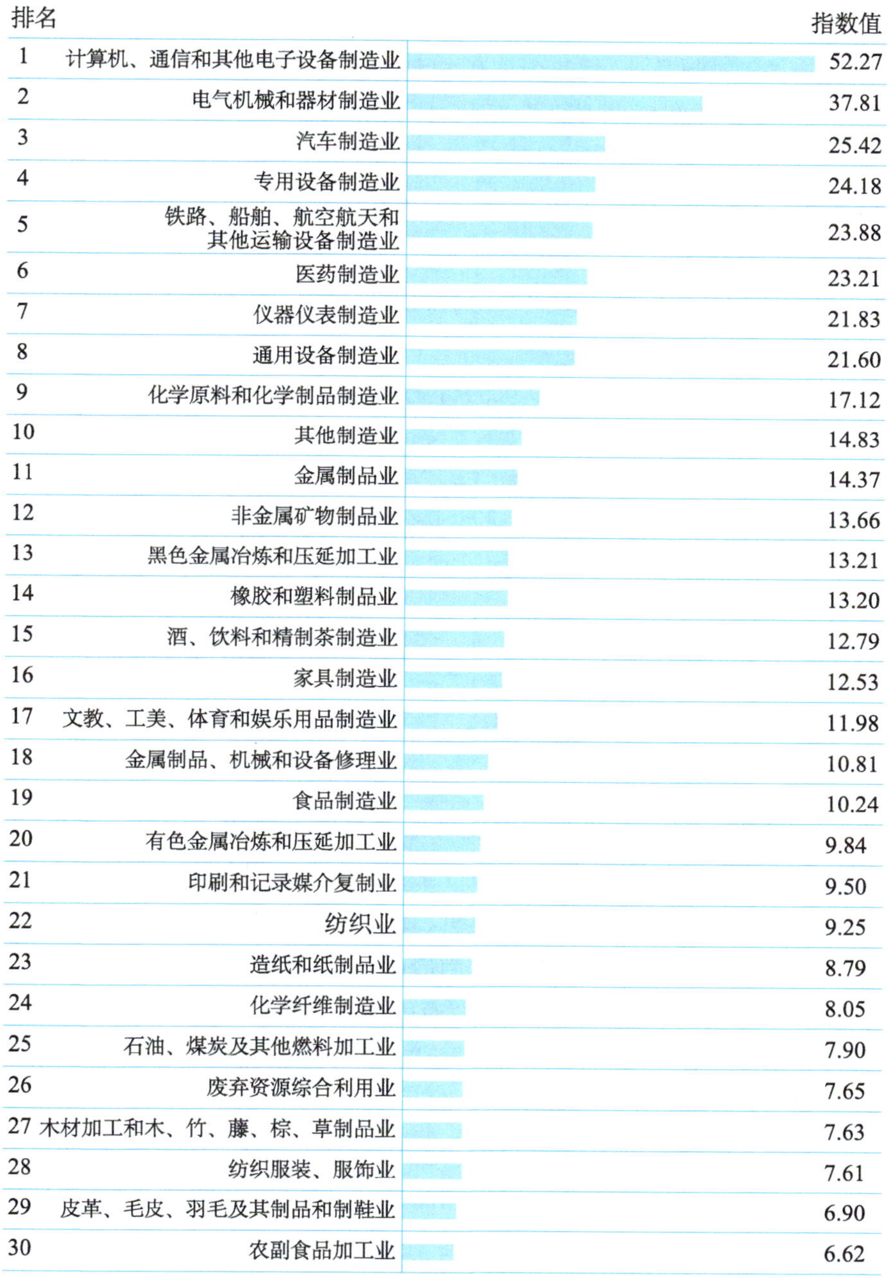

排名		指数值
1	计算机、通信和其他电子设备制造业	52.27
2	电气机械和器材制造业	37.81
3	汽车制造业	25.42
4	专用设备制造业	24.18
5	铁路、船舶、航空航天和其他运输设备制造业	23.88
6	医药制造业	23.21
7	仪器仪表制造业	21.83
8	通用设备制造业	21.60
9	化学原料和化学制品制造业	17.12
10	其他制造业	14.83
11	金属制品业	14.37
12	非金属矿物制品业	13.66
13	黑色金属冶炼和压延加工业	13.21
14	橡胶和塑料制品业	13.20
15	酒、饮料和精制茶制造业	12.79
16	家具制造业	12.53
17	文教、工美、体育和娱乐用品制造业	11.98
18	金属制品、机械和设备修理业	10.81
19	食品制造业	10.24
20	有色金属冶炼和压延加工业	9.84
21	印刷和记录媒介复制业	9.50
22	纺织业	9.25
23	造纸和纸制品业	8.79
24	化学纤维制造业	8.05
25	石油、煤炭及其他燃料加工业	7.90
26	废弃资源综合利用业	7.65
27	木材加工和木、竹、藤、棕、草制品业	7.63
28	纺织服装、服饰业	7.61
29	皮革、毛皮、羽毛及其制品和制鞋业	6.90
30	农副食品加工业	6.62

图 2-2　中国制造业创新能力指数（2020 年）

创新能力指数排名在第 11～20 位的行业多集中于劳动密集型产业，分别是"金属制品业""非金属矿物制品业""黑色金属冶炼和压延加工业""橡胶和塑料制品业""酒、饮料和精制茶制造业""家具制造业""文教、工美、体育和娱乐用品制造业""金属制品、机械和设备修理业""食品制造业""有色金属冶炼和压延加工业"。各行业创新能力指数得分并没有拉开较大差距，第 11 位"金属制品业"与第 20 位"有色金属冶炼和压延加工业"创新能力指数得分分别是 14.37 和 9.84，差值为 4.53。

创新能力指数排名后 10 位的行业以传统制造业为主，分别是"印刷和记录媒介复制业""纺织业""造纸和纸制品业""化学纤维制造业""石油、煤炭及其他燃料加工业""废弃资源综合利用业""木材加工和木、竹、藤、棕、草制品业""纺织服装、服饰业""皮革、毛皮、羽毛及其制品和制鞋业""农副食品加工业"。这些制造业创新能力指数得分均在 10 以下，且变化相对较小，第 21 位"印刷和记录媒介复制业"和第 30 位"农副食品加工业"创新能力指数差值为 2.88。

二、制造业创新发展指数分析

2020 年，中国制造业创新发展指数总体表现相对较好（图 2-3）。创新发展指数得分排名前 10 位的行业多集中于知识和技术密集型产业，分别是"仪器仪表制造业""计算机、通信和其他电子设备制造业""专用设备制造业""电气机械和器材制造业""医药制造业""铁路、船舶、航空航天和其他运输设备制造业""通用设备制造业""其他制造业""酒、饮料和精制茶制造业""汽车制造业"，其中"仪器仪表制造业"以指数值 49.99 领先于其他制造业。

创新发展指数排名在第 11～20 位的行业多集中于传统制造业，分别是"文教、工美、体育和娱乐用品制造业""家具制造业""食品制造业""化学原料和化学制品制造业""橡胶和塑料制品业""非金属矿物制品业""金属制品业""印刷和记录媒介复制业""金属制品、机械

排名		指数值
1	仪器仪表制造业	49.99
2	计算机、通信和其他电子设备制造业	37.13
3	专用设备制造业	32.73
4	电气机械和器材制造业	31.64
5	医药制造业	29.81
6	铁路、船舶、航空航天和其他运输设备制造业	28.67
7	通用设备制造业	24.84
8	其他制造业	23.94
9	酒、饮料和精制茶制造业	20.70
10	汽车制造业	19.93
11	文教、工美、体育和娱乐用品制造业	18.73
12	家具制造业	17.62
13	食品制造业	17.00
14	化学原料和化学制品制造业	16.85
15	橡胶和塑料制品业	16.61
16	非金属矿物制品业	15.72
17	金属制品业	15.52
18	印刷和记录媒介复制业	14.76
19	金属制品、机械和设备修理业	13.78
20	黑色金属冶炼和压延加工业	13.60
21	木材加工和木、竹、藤、棕、草制品业	13.39
22	皮革、毛皮、羽毛及其制品和制鞋业	12.67
23	有色金属冶炼和压延加工业	12.65
24	农副食品加工业	12.60
25	石油、煤炭及其他燃料加工业	12.06
26	造纸和纸制品业	11.67
27	废弃资源综合利用业	11.36
28	纺织业	11.18
29	纺织服装、服饰业	11.12
30	化学纤维制造业	9.51

图 2-3　中国制造业创新发展指数（2020 年）

和设备修理业"黑色金属冶炼和压延加工业",这些行业的创新发展指数得分并没有拉开太大差距,第 11 位"文教、工美、体育和娱乐用品制造业"与第 20 位"黑色金属冶炼和压延加工业"创新发展指数得分分别是 18.73 和 13.60,差值为 5.13。

创新发展指数排名后 10 位的行业以传统制造业及高碳排放产业为主,分别是"木材加工和木、竹、藤、棕、草制品业""皮革、毛皮、羽毛及其制品和制鞋业""有色金属冶炼和压延加工业""农副食品加工业""石油、煤炭及其他燃料加工业""造纸和纸制品业""废弃资源综合利用业""纺织业""纺织服装、服饰业""化学纤维制造业",其中与纺织相关的制造业如"纺织业""纺织服装、服饰业""化学纤维制造业"创新发展水平较差,亟须创新发展转型。

三、中国制造业创新发展格局

本书依据创新能力指数和创新发展指数排名对中国制造业进行分类,总体分为 A 类、B 类、C 类、D 类四类。A 类为创新能力指数和创新发展指数排名均处于前 50% 的制造业,为创新发展领先型产业;B 类为创新能力指数排名处于前 50%、创新发展指数排名处于后 50% 的制造业,为创新能力先进型产业;C 类为创新能力指数排名处于后 50%、创新发展指数排名处于前 50% 的制造业,为创新发展先进型产业;D 类为创新能力指数排名处于后 50%、创新发展指数排名处于后 50% 的制造业,为创新发展追赶型产业。

2012 年,A 类创新发展领先型产业有"计算机、通信和其他电子设备制造业"(1,2)[①]、"电气机械和器材制造业"(2,5)、"废弃资源综合利用业"(9,1)、"家具制造业"(11,11)、"汽车制造业"(5,8)、"铁路、船舶、航空航天和其他运输设备制造业"(8,10)、"通用设备制造业"(3,12)、"文教、工美、体育和娱乐用品制造业"

---

① 括号内第一个数字为创新能力指数排名,第二个数字为创新发展指数排名。下同。

（12，7）、"医药制造业"（6，4）、"仪器仪表制造业"（7，3）、"专用设备制造业"（4，6），其创新能力指数和创新发展指数均表现良好，创新能力与创新发展水平相匹配。从单位从业人员利润的角度来看（图2-4），"废弃资源综合利用业""汽车制造业""医药制造业"等行业的单位从业人员利润在10万元/人左右，分别为12.23万元/人、11.80万元/人、9.08万元/人；"文教、工美、体育和娱乐用品制造业""计算机、通信和其他电子设备制造业"等行业单位从业人员利润在4万元/人以下，分别为2.13万元/人、3.67万元/人。从利润总额的角度来看（图2-5），"汽车制造业""计算机、通信和其他电子设备制造业""电气机械和器材制造业"利润总额超一千亿元，分别为36 738 218万元、27 977 889万元、23 172 928万元；"废弃资源综合利用业""家具制造业""文教、工美、体育和娱乐用品制造业""仪器仪表制造业"利润总额在十亿元甚至百亿元级别，分别为836 382万元、1 948 515万元、3 047 735万元、3 521 497万元。

2012年，B类创新能力先进型产业有"黑色金属冶炼和压延加工业"（15，30）、"化学原料和化学制品制造业"（10，23）、"金属制品业"（13，21）、"橡胶和塑料制品业"（14，24），其创新能力指数表现较好，但创新发展指数表现较差，创新能力与创新发展水平不匹配。从单位从业人员利润的角度来看（图2-4），"化学原料和化学制品制造业"单位从业人员利润相对较高，为7.37万元/人；"黑色金属冶炼和压延加工业""橡胶和塑料制品业""金属制品业"单位从业人员利润在5万元/人以下，分别为3.24万元/人、4.38万元/人、4.62万元/人。从利润总额的角度来看（图2-5），"化学原料和化学制品制造业"利润总额超两千亿元，为21 090 219万元；"黑色金属冶炼和压延加工业""金属制品业""橡胶和塑料制品业"利润总额分别为10 416 470万元、8 748 066万元、7 530 740万元。

2012年，C类创新发展先进型产业有"金属制品、机械和设备修理业"（20，15）、"酒、饮料和精制茶制造业"（22，14）、"木材加工和木、竹、藤、棕、草制品业"（19，9）、"食品制造业"（18，13），其创新发展指数表现较好，但创新能力指数表现较差，创新发展与创新能力水平不匹配。从单位从业人员利润的角度来看（图2-4），"酒、饮料和精制茶制造业""食品制造业"单位从业人员利润相对较高，分别为11.10万元/人、7.58万元/人；"金属制品、机械和设备修理业""木材加工和木、竹、藤、棕、草制品业"单位从业人员利润分别为2.01万元/人、4.09万元/人。从利润总额的角度来看（图2-5），"酒、饮料和精制茶制造业"利润总额在千亿元级别，为11 855 907万元；"食品制造业""木材加工和木、竹、藤、棕、草制品业"利润总额在百亿元级别，分别为9 685 969万元、2 046 444万元；"金属制品、机械和设备修理业"利润总额相对较低，为269 799万元。

2012年，D类创新发展追赶型产业有"纺织服装、服饰业"（25，20）、"纺织业"（21，25）、"非金属矿物制品业"（16，22）、"化学纤维制造业"（24，26）、"农副食品加工业"（28，19）、"皮革、毛皮、羽毛及其制品和制鞋业"（26，16）、"其他制造业"（17，18）、"石油、煤炭及其他燃料加工业"（30，28）、"印刷和记录媒介复制业"（23，17）、"有色金属冶炼和压延加工业"（27，27）、"造纸和纸制品业"（29，29），创新能力和创新发展水平均表现较差，亟须转型。从单位从业人员利润的角度来看（图2-4），"有色金属冶炼和压延加工业"单位从业人员利润相对较高，为7.80万元/人；"石油、煤炭及其他燃料加工业""纺织服装、服饰业""皮革、毛皮、羽毛及其制品和制鞋业""其他制造业""纺织业""印刷和记录媒介复制业"单位从业人员利润分别为0.92万元/人、2.54万元/人、2.57万元/人、2.78万元/人、3.54万元/人、4.15万元/人。从利润总额的角度来看（图2-5），"纺织业""有色金属冶炼和压延加工业""农副食品加工业""非金属矿物制品业"利润总额在千亿元级别，分别为10 422 817万元、11 357 035万元、14 598 032万元、14 909 599万元；"印刷和记录媒介复制业""化学纤维制造业""造纸和纸制品业""皮革、毛皮、羽毛及其制品和制鞋业""纺织服装、服饰业"利润总额在百亿元级别，分别为 1 799 728 万元、1 981 230 万元、4 026 751 万元、5 612 074 万元、7 360 408 万元；"其他制造业""石油、煤炭及其他燃料加工业"利润总额相对较低，分别为 733 868 万元、752 337 万元。

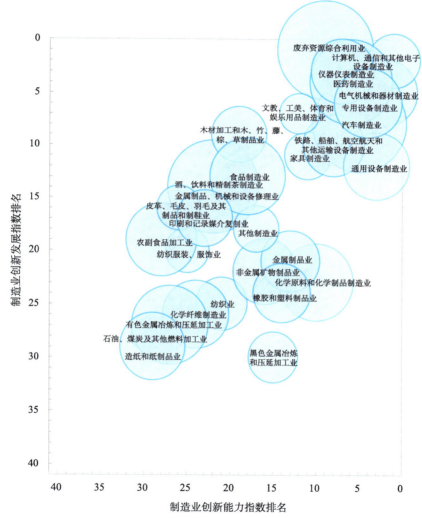

图 2-4　2012 年中国制造业创新能力指数与创新发展指数排名
（气泡大小表征单位从业人员利润多少）

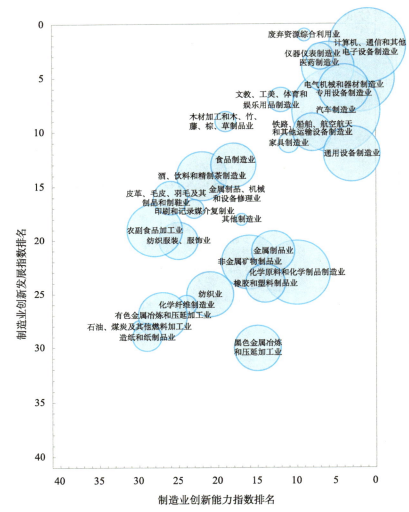

图 2-5 2012 年中国制造业创新能力指数与创新发展指数排名
（气泡大小表征利润总额多少）

2020 年，A 类创新发展领先型产业有"电气机械和器材制造业"（2，4）、"化学原料和化学制品制造业"（9，14）、"计算机、通信和其他电子设备制造业"（1，2）、"酒、饮料和精制茶制造业"（15，9）、"其他制造业"（10，8）、"汽车制造业"（3，10）、"铁路、船舶、航空航天和其他运输设备制造业"（5，6）、"通用设备制造业"（8，7）、"橡胶和塑料制品业"（14，15）、"医药制造业"（6，5）、"仪器仪表制造业"（7，1）、"专用设备制造业"（4，3），其创新能力指数和创新发展指数均表现良好，创新能力与创新发展水平相匹配。其中，"化学原料和化学制品制造业""酒、饮料和精制茶制造业""其他制造业""橡胶和塑料制品业"于 2020 年新进入 A 类创新发展领先型产业，"废弃资源综合利用业""家具制造业""文教、工美、体育和娱乐用品制造业"退出了 A 类创新发展领先型产业。从单位从业人员利润的角度来看（图 2-6），"酒、饮料和精制茶制造业""医药制造业""汽车制造业""化学原料和化学制品制造业""专用设备制造业""仪器仪表制造业"单位从业人员利润在 10 万元 / 人以上，分别为 29.25 万元 / 人、21.91 万元 / 人、15.60 万元 / 人、14.77 万元 / 人、12.90 万元 / 人、11.58 万元 / 人；未出现单位从业人员利润在 5 万元 / 人以下的产业。从利润总额的角度来看（图 2-7），"计算机、通信和其他电子设备制造业""汽车制造业""电气机械和器材制造业""医药制造业""化学原料和化学制品制造业""酒、饮料和精制茶制造业""专用设备制造业""通用设备制造业"利润总额超千亿元，分别为 54 063 300 万元、43 598 200 万元、33 386 700 万元、29 748 800 万元、25 749 200 万元、20 350 000 万元、19 573 300 万元、18 643 700 万元；"橡胶和塑料制品业""铁路、船舶、航空航天和其他运输设备制造业""仪器仪表制造业"利润总额超百亿元，分别为 9 906 800 万元、5 355 800 万元、5 277 100 万元；"其他制造业"利润总额相对较低，为 941 200 万元。

2020 年，B 类创新能力先进型产业有"非金属矿物制品业"（12，16）、"黑色金属冶炼和压延加工业"（13，20）、"金属制品业"（11，

17），其创新能力指数表现较好，但创新发展指数表现较差，创新能力与创新发展不匹配。其中"非金属矿物制品业"于 2020 年新进入B 类创新能力先进型产业，"化学原料和化学制品制造业""橡胶和塑料制品业"退出了 B 类创新能力先进型产业。从单位从业人员利润的角度来看（图 2-6），"非金属矿物制品业""黑色金属冶炼和压延加工业"单位从业人员利润在 10 万元 / 人以上，分别为 14.94 万元 / 人、13.53 万元 / 人；"金属制品业"单位从业人员利润为 6.55 万元 / 人。从利润总额的角度来看（图 2-7），"黑色金属冶炼和压延加工业""非金属矿物制品业"利润总额达千亿元级别，分别为 24 013 600 万元、25 872 300 万元；"金属制品业"利润总额为 9 335 200 万元。

2020 年，C 类创新发展先进型产业有"家具制造业"（16，12）、"食品制造业"（19，13）、"文教、工美、体育和娱乐用品制造业"（17，11），其创新发展指数表现较好，但创新能力指数表现较差，创新发展与创新能力水平不匹配。其中"家具制造业""文教、工美、体育和娱乐用品制造业"于 2020 年新进入 C 类创新发展先进型产业；"金属制品、机械和设备修理业""酒、饮料和精制茶制造业""木材加工和木、竹、藤、棕、草制品业"退出了 C 类创新发展先进型产业。从单位从业人员利润的角度来看（图 2-6），"食品制造业"单位从业人员利润超过 10 万元 / 人，为 11.85 万元 / 人；"家具制造业""文教、工美、体育和娱乐用品制造业"单位从业人员利润分别为 5.51 万元 / 人、4.37 万元 / 人。从利润总额角度来看（图 2-7），"食品制造业"利润总额超千亿元，达到 12 265 800 万元，"家具制造业""文教、工美、体育和娱乐用品制造业"利润总额超百亿元，分别为 2 863 400 万元、3 795 900 万元。

2020 年，D 类创新发展追赶型产业有"纺织服装、服饰业"（28，29）、"纺织业"（22，28）、"废弃资源综合利用业"（26，27）、"化学纤维制造业"（24，30）、"金属制品、机械和设备修理业"（18，19）、"木材加工和木、竹、藤、棕、草制品业"（27，21）、"农副食品加工业"（30，24）、"皮革、毛皮、羽毛及其制品和制鞋业"（29，22）、"石油、煤炭及其他燃料加工业"（25，25）、"印刷和记录媒介复制业"（21，18）、"有色金属冶炼和压延加工业"（20，23）、"造纸和纸制品业"（23，26），创新能力和创新发展水平均表现较差，亟须转型。其中"废弃资源综合利用业""金属制品、机械和设备修理业""木材加工和木、竹、藤、棕、草制品业"于 2020 年新落入 D 类创新发展追赶型产业，"非金属矿物制品业""其他制造业"退出了 D 类创新发展追赶型产业。从单位从业人员利润的角度来看（图 2-6），"废弃资源综合利用业""造纸和纸制品业""有色金属冶炼和压延加工业""石油、煤炭及其他燃料加工业"单位从业人员利润在 10 万元 / 人以上，分别为 19.55 万元 / 人、14.33 万元 / 人、14.00 万元 / 人、13.87 万元 / 人；"纺织业""皮革、毛皮、羽毛及其制品和制鞋业""纺织服装、服饰业""金属制品、机械和设备修理业"单位从业人员利润在 5 万元 / 人以下，分别为 4.69 万元 / 人、3.63 万元 / 人、3.02 万元 / 人、2.65 万元 / 人。从利润总额的角度来看（图 2-7），"农副食品加工业""有色金属冶炼和压延加工业"利润总额超千亿元，分别为 10 988 600 万元、15 182 900 万元；"石油、煤炭及其他燃料加工业""造纸和纸制品业""纺织业""纺织服装、服饰业""皮革、毛皮、羽毛及其制品和制鞋业""印刷和记录媒介复制业""化学纤维制造业"利润总额超百亿元，分别为 9 391 400 万元、6 632 000 万元、6 622 300 万元、4 317 800 万元、3 726 100 万元、2 235 700 万元、2 113 600 万元；"木材加工和木、竹、藤、棕、草制品业""废弃资源综合利用业""金属制品、机械和设备修理业"利润总额未达百亿元级别，分别为 946 600 万元、879 800 万元、421 300 万元。

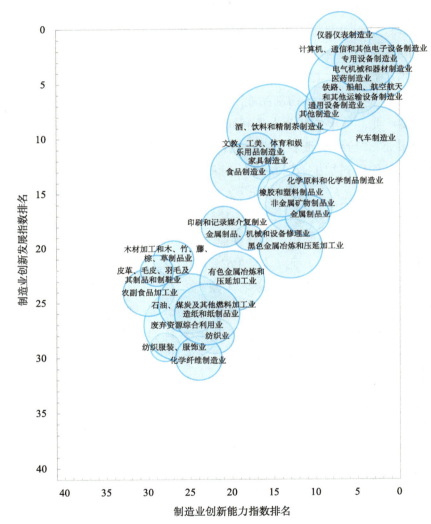

图 2-6　2020 年中国制造业创新能力指数与创新发展指数排名
（气泡大小表征单位从业人员利润多少）

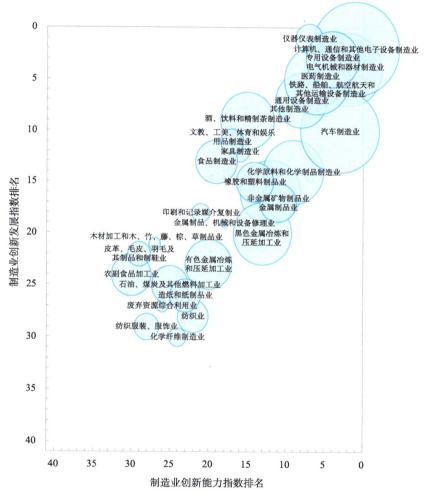

图 2-7 2020 年中国制造业创新能力指数与创新发展指数排名

（气泡大小表征利润总额多少）

第三章
中国制造业创新能力演进

第一节　中国制造业创新能力指数

2020 年，中国制造业创新能力指数排名前 10 位的行业依次为"计算机、通信和其他电子设备制造业""电气机械和器材制造业""汽车制造业""专用设备制造业""铁路、船舶、航空航天和其他运输设备制造业""医药制造业""仪器仪表制造业""通用设备制造业""化学原料和化学制品制造业""其他制造业"；其中，与 2012 年相比，"计算机、通信和其他电子设备制造业""电气机械和器材制造业""铁路、船舶、航空航天和其他运输设备制造业""汽车制造业" 4 个行业的创新能力指数增幅较大。排名后 10 位的行业是"印刷和记录媒介复制业""纺织业""造纸和纸制品业""化学纤维制造业""石油、煤炭及其他燃料加工业""废弃资源综合利用业""木材加工和木、竹、藤、棕、草制品业""纺织服装、服饰业""皮革、毛皮、羽毛及其制品和制鞋业""农副食品加工业"；其中，与 2012 年相比，"石油、煤炭及其他燃料加工业""造纸和纸制品业"的创新能力指数增幅较大，如图 3-1 所示。

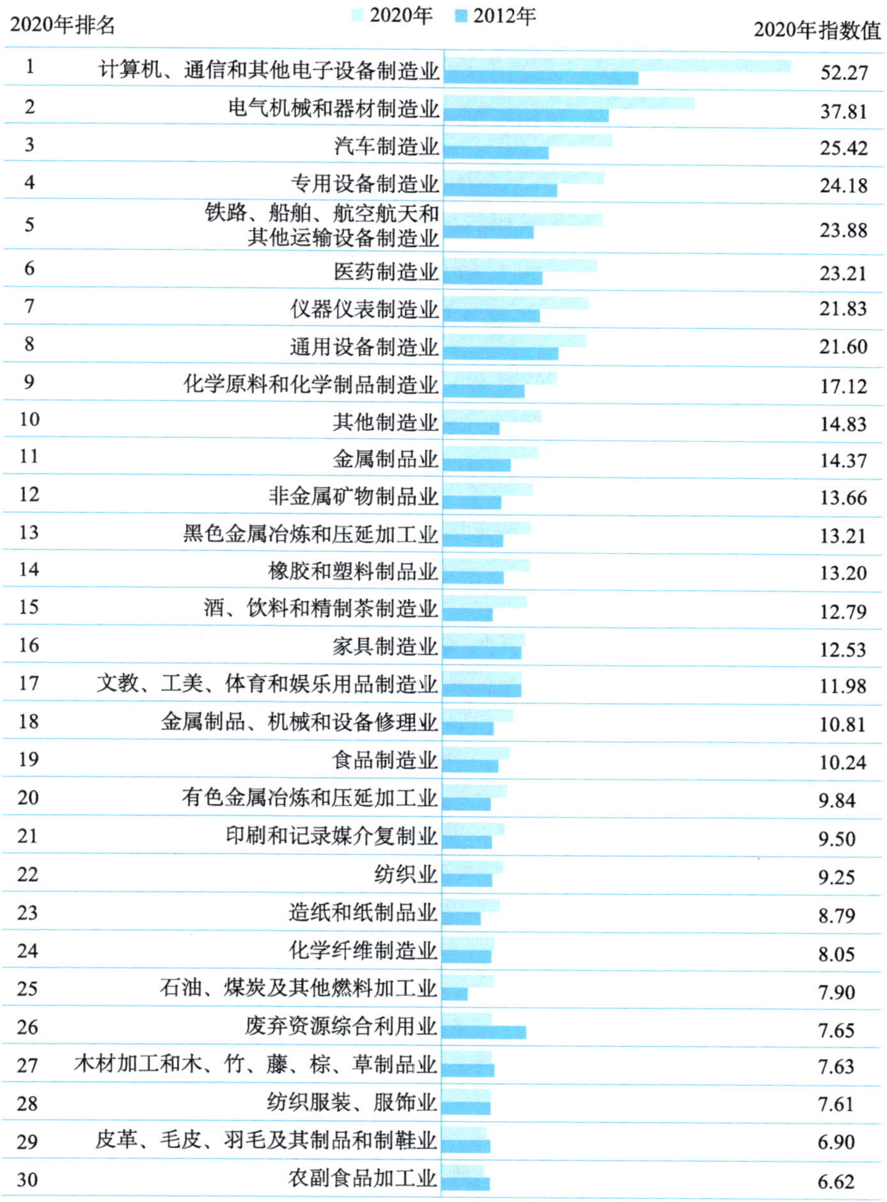

2020年排名		2020年指数值
1	计算机、通信和其他电子设备制造业	52.27
2	电气机械和器材制造业	37.81
3	汽车制造业	25.42
4	专用设备制造业	24.18
5	铁路、船舶、航空航天和其他运输设备制造业	23.88
6	医药制造业	23.21
7	仪器仪表制造业	21.83
8	通用设备制造业	21.60
9	化学原料和化学制品制造业	17.12
10	其他制造业	14.83
11	金属制品业	14.37
12	非金属矿物制品业	13.66
13	黑色金属冶炼和压延加工业	13.21
14	橡胶和塑料制品业	13.20
15	酒、饮料和精制茶制造业	12.79
16	家具制造业	12.53
17	文教、工美、体育和娱乐用品制造业	11.98
18	金属制品、机械和设备修理业	10.81
19	食品制造业	10.24
20	有色金属冶炼和压延加工业	9.84
21	印刷和记录媒介复制业	9.50
22	纺织业	9.25
23	造纸和纸制品业	8.79
24	化学纤维制造业	8.05
25	石油、煤炭及其他燃料加工业	7.90
26	废弃资源综合利用业	7.65
27	木材加工和木、竹、藤、棕、草制品业	7.63
28	纺织服装、服饰业	7.61
29	皮革、毛皮、羽毛及其制品和制鞋业	6.90
30	农副食品加工业	6.62

图 3-1　中国制造业创新能力指数（2012 年、2020 年）

2012～2020 年，中国制造业创新能力指数年均增速排名前 10 位的行业依次为"石油、煤炭及其他燃料加工业""计算机、通信和其他电子设备制造业""铁路、船舶、航空航天和其他运输设备制造业""其他制造业""酒、饮料和精制茶制造业""汽车制造业""医药制造业""非金属矿物制品业""电气机械和器材制造业""造纸和纸制品业"，其中有 6 个行业的 2020 年创新能力指数排名前 10 位。创新能力指数年均增速排名后 10 位的行业依次为"纺织业""食品制造业""化学纤维制造业""家具制造业""纺织服装、服饰业""文教、工美、体育和娱乐用品制造业""木材加工和木、竹、藤、棕、草制品业""皮革、毛皮、羽毛及其制品和制鞋业""农副食品加工业""废弃资源综合利用业"，其中 7 个行业的 2020 年创新能力指数排名后 10 位，如图 3-2 所示。

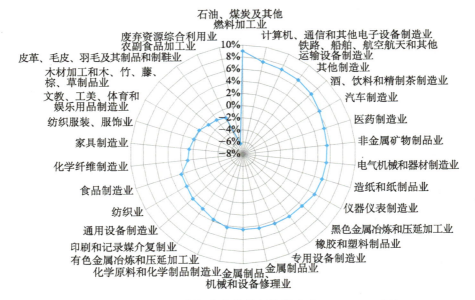

图 3-2　中国制造业创新能力指数年均增速（2012～2020 年）

第二节　中国制造业创新实力指数

2020 年，中国制造业创新实力指数排名前 10 位的行业为"计算机、通信和其他电子设备制造业""电气机械和器材制造业""汽车制造业""医药制造业""化学原料和化学制品制造业""通用设备制造业""专用设备制造业""铁路、船舶、航空航天和其他运输设备制造业""黑色金属冶炼和压延加工业""非金属矿物制品业"；其中，与 2012 年相比，"计算机、通信和其他电子设备制造业"的创新实力指数大幅增加。排名后 10 位的行业是"家具制造业""纺织服装、服饰业""造纸和纸制品业""印刷和记录媒介复制业""化学纤维制造业""皮革、毛皮、羽毛及其制品和制鞋业""其他制造业""木材加工和木、竹、藤、棕、草制品业""金属制品、机械和设备修理业""废弃资源综合利用业"。其中，与 2012 年相比，"家具制造业"创新实力指数大幅增加。如图 3-3 所示。

2012～2020 年，中国制造业创新实力指数年均增速排名前 10 位的行业依次为"废弃资源综合利用业""酒、饮料和精制茶制造业""印刷和记录媒介复制业""家具制造业""金属制品、机械和设备修理业""计算机、通信和其他电子设备制造业""医药制造业""石油、煤炭及其他燃料加工业""汽车制造业""铁路、船舶、航空航天和其他运输设备制造业"，其中 4 个行业的 2020 年创新实力指数排名前 10 位。创新实力指数年均增速排名后 10 位的行业中，"化学纤维制造业""皮革、毛皮、羽毛及其制品和制鞋业""木材加工和木、竹、藤、棕、草制品业""纺织服装、服饰业"的 2020 年创新实力指数排名后 10 位，"黑色金属冶炼和压延加工业""通用设备制造业"的 2020 年创新实力指数排名前 10 位。如图 3-4 所示。

2020年排名		2020年 ■ 2012年	2020年指数值
1	计算机、通信和其他电子设备制造业		69.81
2	电气机械和器材制造业		42.15
3	汽车制造业		27.69
4	医药制造业		22.63
5	化学原料和化学制品制造业		20.71
6	通用设备制造业		15.98
7	专用设备制造业		13.52
8	铁路、船舶、航空航天和其他运输设备制造业		10.46
9	黑色金属冶炼和压延加工业		9.94
10	非金属矿物制品业		9.20
11	金属制品业		8.31
12	酒、饮料和精制茶制造业		6.82
13	橡胶和塑料制品业		5.86
14	有色金属冶炼和压延加工业		5.11
15	仪器仪表制造业		4.86
16	纺织业		4.05
17	食品制造业		3.46
18	农副食品加工业		2.93
19	文教、工美、体育和娱乐用品制造业		2.68
20	石油、煤炭及其他燃料加工业		2.44
21	家具制造业		2.28
22	纺织服装、服饰业		2.11
23	造纸和纸制品业		1.90
24	印刷和记录媒介复制业		1.66
25	化学纤维制造业		1.47
26	皮革、毛皮、羽毛及其制品和制鞋业		1.36
27	其他制造业		0.96
28	木材加工和木、竹、藤、棕、草制品业		0.61
29	金属制品、机械和设备修理业		0.40
30	废弃资源综合利用业		0.19

图 3-3　中国制造业创新实力指数（2012 年、2020 年）

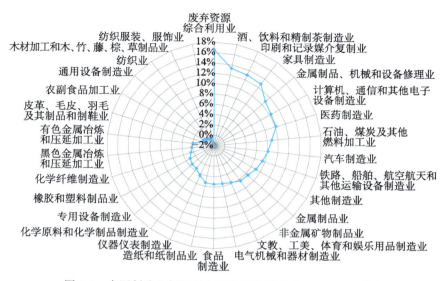

图 3-4　中国制造业创新实力指数年均增速（2012～2020 年）

第三节　中国制造业创新效力指数

　　2020 年，中国制造业创新效力指数排名前 10 位的行业为"仪器仪表制造业""电气机械和器材制造业""铁路、船舶、航空航天和其他运输设备制造业""计算机、通信和其他电子设备制造业""专用设备制造业""医药制造业""其他制造业""通用设备制造业""家具制造业""金属制品、机械和设备修理业"；其中，与 2012 年相比，"仪器仪表制造业""铁路、船舶、航空航天和其他运输设备制造业"的创新效力指数增加幅度明显大于其他 8 个行业的创新效力指数增加幅度。排名后 10 位的行业为"造纸和纸制品业""废弃资源综合利用业""木材加工和木、竹、藤、棕、草制品业""化学纤维制造业""纺织业""有色金属冶炼和压延加工业""石油、煤炭及其他燃料加工业""纺织服装、服饰业""皮革、毛皮、羽毛及其制品和制鞋业""农副食品加工业"；

其中，与 2012 年相比，"石油、煤炭及其他燃料加工业"的创新效力指数增加幅度较大，如图 3-5 所示。

2020年排名		■2020年　■2012年	2020年指数值
1	仪器仪表制造业		38.54
2	电气机械和器材制造业		35.39
3	铁路、船舶、航空航天和其他运输设备制造业		35.00
4	计算机、通信和其他电子设备制造业		34.74
5	专用设备制造业		32.68
6	医药制造业		28.97
7	其他制造业		28.60
8	通用设备制造业		27.30
9	家具制造业		22.53
10	金属制品、机械和设备修理业		21.27
11	汽车制造业		21.22
12	文教、工美、体育和娱乐用品制造业		20.84
13	金属制品业		20.64
14	橡胶和塑料制品业		20.11
15	非金属矿物制品业		18.20
16	化学原料和化学制品制造业		17.88
17	酒、饮料和精制茶制造业		17.77
18	印刷和记录媒介复制业		17.19
19	黑色金属冶炼和压延加工业		17.03
20	食品制造业		16.98
21	造纸和纸制品业		15.17
22	废弃资源综合利用业		15.07
23	木材加工和木、竹、藤、棕、草制品业		14.63
24	化学纤维制造业		14.45
25	纺织业		13.91
26	有色金属冶炼和压延加工业		13.85
27	石油、煤炭及其他燃料加工业		12.79
28	纺织服装、服饰业		12.78
29	皮革、毛皮、羽毛及其制品和制鞋业		12.29
30	农副食品加工业		9.96

图 3-5　中国制造业创新效力指数（2012 年、2020 年）

2012～2020 年，中国制造业创新效力指数年均增速排名前 10 位的行业依次为"石油、煤炭及其他燃料加工业""铁路、船舶、航空航天和其他运输设备制造业""其他制造业""黑色金属冶炼和压延加工业""仪器仪表制造业""造纸和纸制品业""电气机械和器材制造业""非金属矿物制品业""橡胶和塑料制品业""通用设备制造业"，其中 5 个行业的 2020 年创新效力指数排名前 10 位。创新效力指数年均增速排名后 10 位的行业中，"化学纤维制造业""纺织服装、服饰业""木材加工和木、竹、藤、棕、草制品业""皮革、毛皮、羽毛及其制品和制鞋业""农副食品加工业""废弃资源综合利用业"的 2020 年创新效力指数排名后 10 位，"家具制造业"的 2020 年创新效力指数排名前 10 位，如图 3-6 所示。

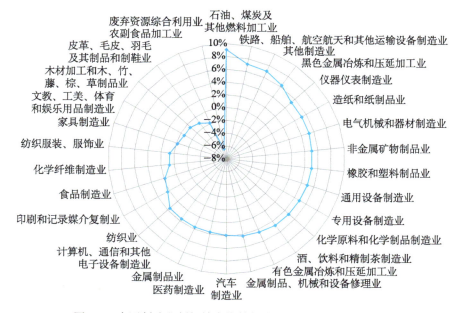

图 3-6　中国制造业创新效力指数年均增速（2012～2020 年）

第四节 中国制造业创新实力与效力

本书依据创新实力指数和创新效力指数两个指标排名将中国制造业分为四类[①]：创新领先型产业、创新先进型产业、创新追赶型产业、转型升级型产业。其中，创新领先型产业即处于创新效力指数高、创新实力指数高象限内的产业，创新先进型产业即处于创新效力指数高、创新实力指数低象限内的产业，创新追赶型产业即处于创新效力指数低、创新实力指数高象限内的产业，转型升级型产业即处于创新效力指数低、创新实力指数低象限内的产业。创新领先型产业和创新先进型产业的创新特色鲜明，创新追赶型产业需要着力解决创新效率和效益问题，转型升级型产业均为传统产业，需要抓住新技术革命和数字转型的机遇，全面提升创新能力。

2020 年，创新领先型产业包括"电气机械和器材制造业""铁路、船舶、航空航天和其他运输设备制造业""计算机、通信和其他电子设备制造业""专用设备制造业""医药制造业""通用设备制造业""汽车制造业"；创新先进型产业包括"仪器仪表制造业""其他制造业""家具制造业""金属制品、机械和设备修理业"；创新追赶型产业包括"化学原料和化学制品制造业"；转型升级型产业包括"文教、工美、体育和娱乐用品制造业""金属制品业""橡胶和塑料制品业""非金属矿物制品业""酒、饮料和精制茶制造业""印刷和记录媒介复制业""黑色金属冶炼和压延加工业""食品制造业""造纸和纸制品业""废弃资源综合利用业""木材加工和木、竹、藤、棕、草制品业""化学纤维制

[①] 具体分类方法为：计算出所有行业的创新实力指数均值和创新效力指数均值，创新实力指数和创新效力指数均高于均值的行业为创新领先型；创新效力指数高于均值、创新实力指数低于均值的行业为创新先进型；创新效力指数低于均值、创新实力指数高于均值的行业为创新追赶型；创新实力指数和创新效力指数均低于均值的行业为转型升级型。

造业""纺织业""有色金属冶炼和压延加工业""石油、煤炭及其他燃料加工业""纺织服装、服饰业""皮革、毛皮、羽毛及其制品和制鞋业""农副食品加工业"。

2012年，创新领先型产业包括"计算机、通信和其他电子设备制造业""电气机械和器材制造业""专用设备制造业""医药制造业""铁路、船舶、航空航天和其他运输设备制造业""通用设备制造业"；创新先进型产业包括"仪器仪表制造业""废弃资源综合利用业""家具制造业""文教、工美、体育和娱乐用品制造业""其他制造业"等；创新追赶型产业包括"汽车制造业""化学原料和化学制品制造业""黑色金属冶炼和压延加工业"；转型升级型产业包括"金属制品业""木材加工和木、竹、藤、棕、草制品业""金属制品、机械和设备修理业""食品制造业""印刷和记录媒介复制业""化学纤维制造业""橡胶和塑料制品业""皮革、毛皮、羽毛及其制品和制鞋业""酒、饮料和精制茶制造业""非金属矿物制品业""纺织服装、服饰业""农副食品加工业""纺织业""造纸和纸制品业""有色金属冶炼和压延加工业""石油、煤炭及其他燃料加工业"。

与2012年相比，2020年"汽车制造业"由创新追赶型产业升级为创新领先型产业；"金属制品、机械和设备修理业"由转型升级型产业转变为创新先进型产业；"黑色金属冶炼和压延加工业"由创新追赶型产业转变为转型升级型产业；"废弃资源综合利用业""文教、工美、体育和娱乐用品制造业"由创新先进型产业降为转型升级型产业。值得指出的是，2020年，"计算机、通信和其他电子设备制造业"单位从业人员利润居第一位，远高于"化学纤维制造业""印刷和记录媒介复制业""金属制品业""铁路、船舶、航空航天和其他运输设备制造业""家具制造业""木材加工和木、竹、藤、棕、草制品业""其他制造业""纺织业""文教、工美、体育和娱乐用品制造业""皮革、毛皮、羽毛及其制品和制鞋业""纺织服装、服饰业""金属制品、机械和设备修理业"；"酒、饮料和精制茶制造业"。如图3-7～图3-10所示。

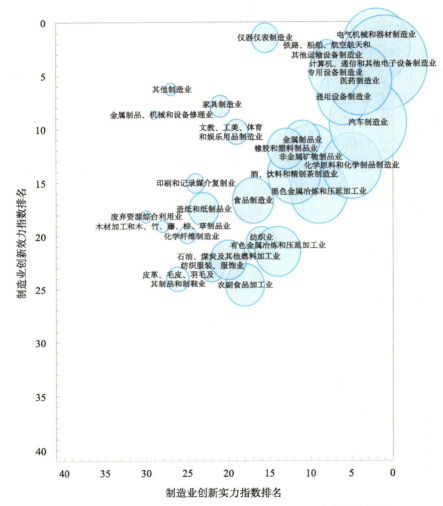

图 3-7　2020 年中国制造业创新实力指数与创新效力指数排名

（气泡大小表征利润总额多少）

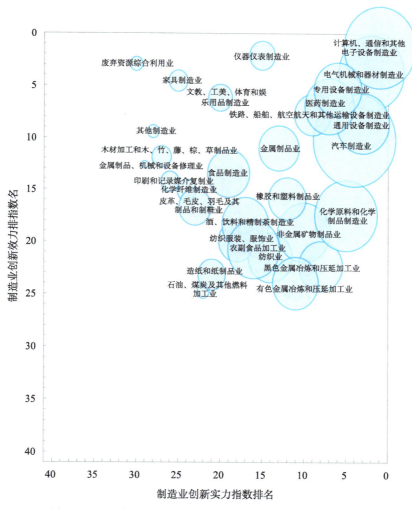

图 3-8 2012 年中国制造业创新实力指数与创新效力指数排名

（气泡大小表征利润总额多少）

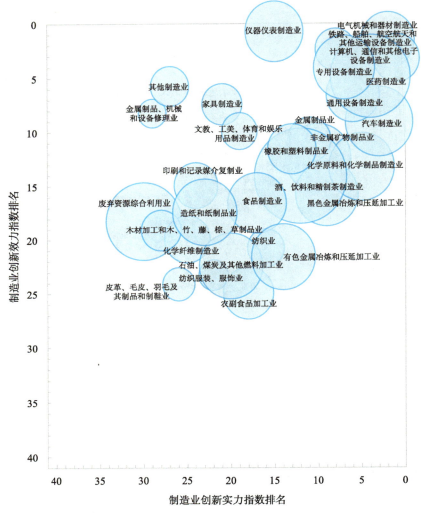

图 3-9　2020 年中国制造业创新实力指数与创新效力指数排名

（气泡大小表征单位从业人员利润多少）

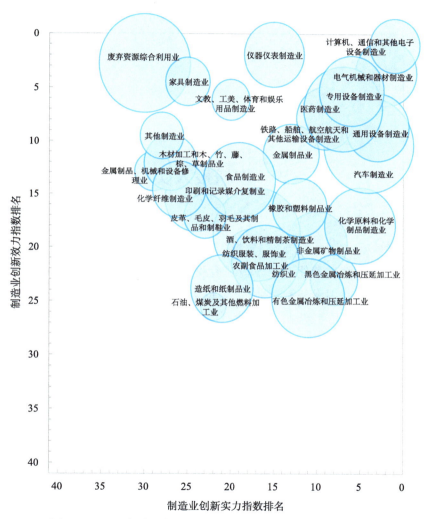

图 3-10 2012 年中国制造业创新实力指数与创新效力指数排名

（气泡大小表征单位从业人员利润多少）

第四章

中国制造业创新实力演进

第一节　创新投入实力指数

2020 年，中国制造业创新投入实力指数排名前 10 位的行业分别是"计算机、通信和其他电子设备制造业""汽车制造业""电气机械和器材制造业""通用设备制造业""黑色金属冶炼和压延加工业""专用设备制造业""医药制造业""化学原料和化学制品制造业""铁路、船舶、航空航天和其他运输设备制造业""金属制品业"；其中，与 2012 年相比，"计算机、通信和其他电子设备制造业""汽车制造业""医药制造业""金属制品业"的创新投入实力指数增加幅度较大。排名后 10 位的行业分别是"文教、工美、体育和娱乐用品制造业""化学纤维制造业""家具制造业""皮革、毛皮、羽毛及其制品和制鞋业""酒、饮料和精制茶制造业""印刷和记录媒介复制业""其他制造业""木材加工和木、竹、藤、棕、草制品业""金属制品、机械和设备修理业""废弃资源综合利用业"；其中，与 2012 年相比，"家具制造业""印刷和记录媒介复制业"的创新投入实力指数增加幅度较大，如图 4-1 所示。

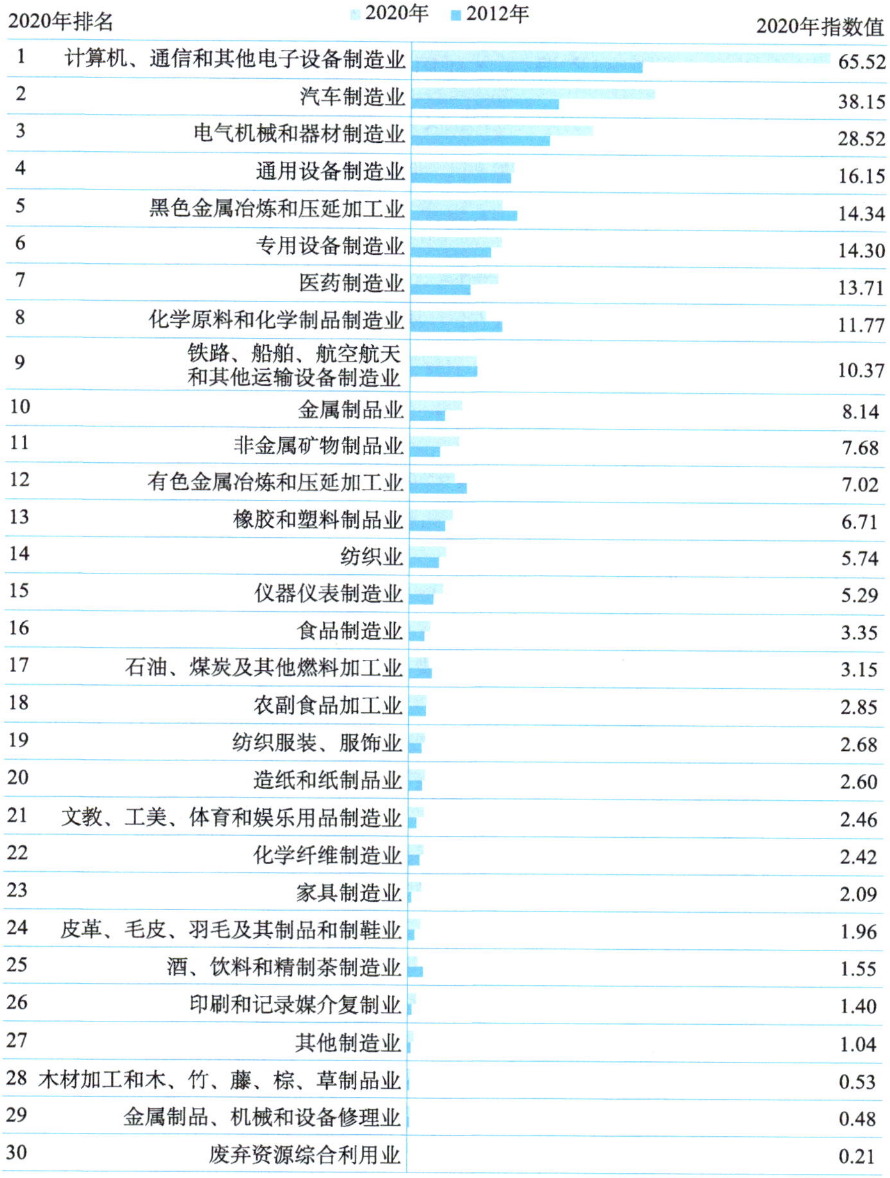

2020年排名		2020年 ■2012年	2020年指数值
1	计算机、通信和其他电子设备制造业		65.52
2	汽车制造业		38.15
3	电气机械和器材制造业		28.52
4	通用设备制造业		16.15
5	黑色金属冶炼和压延加工业		14.34
6	专用设备制造业		14.30
7	医药制造业		13.71
8	化学原料和化学制品制造业		11.77
9	铁路、船舶、航空航天和其他运输设备制造业		10.37
10	金属制品业		8.14
11	非金属矿物制品业		7.68
12	有色金属冶炼和压延加工业		7.02
13	橡胶和塑料制品业		6.71
14	纺织业		5.74
15	仪器仪表制造业		5.29
16	食品制造业		3.35
17	石油、煤炭及其他燃料加工业		3.15
18	农副食品加工业		2.85
19	纺织服装、服饰业		2.68
20	造纸和纸制品业		2.60
21	文教、工美、体育和娱乐用品制造业		2.46
22	化学纤维制造业		2.42
23	家具制造业		2.09
24	皮革、毛皮、羽毛及其制品和制鞋业		1.96
25	酒、饮料和精制茶制造业		1.55
26	印刷和记录媒介复制业		1.40
27	其他制造业		1.04
28	木材加工和木、竹、藤、棕、草制品业		0.53
29	金属制品、机械和设备修理业		0.48
30	废弃资源综合利用业		0.21

图 4-1 中国制造业创新投入实力指数（2012年、2020年）

　　2012～2020 年，中国制造业创新投入实力指数年均增速排名前 10 位的行业依次为"废弃资源综合利用业""家具制造业""印刷和记录媒介复制业""皮革、毛皮、羽毛及其制品和制鞋业""文教、工美、体育和娱乐用品制造业""计算机、通信和其他电子设备制造业""其他制造业""汽车制造业""非金属矿物制品业""木材加工和木、竹、藤、棕、草制品业"，其中"计算机、通信和其他电子设备制造业""汽车制造业"的 2020 年创新投入实力指数排名前 10 位。创新投入实力指数年均增速排名后 10 位的行业中，"专用设备制造业""通用设备制造业""铁路、船舶、航空航天和其他运输设备制造业""黑色金属冶炼和压延加工业""化学原料和化学制品制造业"的 2020 年创新投入实力指数排名前 10 位，"酒、饮料和精制茶制造业"的 2020 年创新投入实力指数排名后 10 位，如图 4-2 所示。

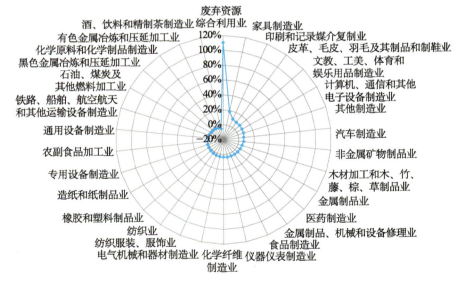

图 4-2　中国制造业创新投入实力指数年均增速（2012～2020 年）

第二节 创新条件实力指数

2020年，中国制造业创新条件实力指数排名前10位的行业分别为"计算机、通信和其他电子设备制造业""电气机械和器材制造业""汽车制造业""通用设备制造业""专用设备制造业""医药制造业""化学原料和化学制品制造业""金属制品业""铁路、船舶、航空航天和其他运输设备制造业""非金属矿物制品业"；其中，与2012年相比，"计算机、通信和其他电子设备制造业"的创新条件实力指数增加幅度较大。排名后10位的行业分别为"造纸和纸制品业""家具制造业""石油、煤炭及其他燃料加工业""化学纤维制造业""印刷和记录媒介复制业""皮革、毛皮、羽毛及其制品和制鞋业""其他制造业""木材加工和木、竹、藤、棕、草制品业""金属制品、机械和设备修理业""废弃资源综合利用业"；其中，与2012年相比，"家具制造业""石油、煤炭及其他燃料加工业""金属制品、机械和设备修理业"的创新条件实力指数增加幅度较大，如图4-3所示。

2012~2020年，中国制造业创新条件实力指数年均增速排名前10位的行业依次为"废弃资源综合利用业""金属制品、机械和设备修理业""家具制造业""石油、煤炭及其他燃料加工业""计算机、通信和其他电子设备制造业""其他制造业""铁路、船舶、航空航天和其他运输设备制造业""印刷和记录媒介复制业""食品制造业""金属制品业"，其中"计算机、通信和其他电子设备制造业""铁路、船舶、航空航天和其他运输设备制造业""金属制品业"的2020年创新条件实力指数排名前10位。创新条件实力指数年均增速排名后10位的行业中，"通用设备制造业""化学原料和化学制品制造业"的2020年创新条件实力指数排名前10位，"化学纤维制造业""皮革、毛皮、羽毛及

其制品和制鞋业""木材加工和木、竹、藤、棕、草制品业"的 2020
年创新条件实力指数排名后 10 位，如图 4-4 所示。

2020年排名		2020年指数值
	■ 2020年 ■ 2012年	
1	计算机、通信和其他电子设备制造业	68.99
2	电气机械和器材制造业	37.38
3	汽车制造业	23.09
4	通用设备制造业	21.73
5	专用设备制造业	18.75
6	医药制造业	18.19
7	化学原料和化学制品制造业	16.41
8	金属制品业	13.59
9	铁路、船舶、航空航天和其他运输设备制造业	13.07
10	非金属矿物制品业	12.03
11	橡胶和塑料制品业	10.12
12	纺织业	8.34
13	黑色金属冶炼和压延加工业	7.04
14	有色金属冶炼和压延加工业	6.94
15	仪器仪表制造业	6.61
16	食品制造业	5.51
17	文教、工美、体育和娱乐用品制造业	4.28
18	农副食品加工业	4.17
19	纺织服装、服饰业	3.90
20	酒、饮料和精制茶制造业	3.51
21	造纸和纸制品业	3.38
22	家具制造业	3.08
23	石油、煤炭及其他燃料加工业	2.90
24	化学纤维制造业	2.49
25	印刷和记录媒介复制业	2.29
26	皮革、毛皮、羽毛及其制品和制鞋业	2.26
27	其他制造业	1.48
28	木材加工和木、竹、藤、棕、草制品业	0.83
29	金属制品、机械和设备修理业	0.48
30	废弃资源综合利用业	0.20

图 4-3　中国制造业创新条件实力指数（2012 年、2020 年）

第二节 创新条件实力指数

2020年，中国制造业创新条件实力指数排名前10位的行业分别为"计算机、通信和其他电子设备制造业""电气机械和器材制造业""汽车制造业""通用设备制造业""专用设备制造业""医药制造业""化学原料和化学制品制造业""金属制品业""铁路、船舶、航空航天和其他运输设备制造业""非金属矿物制品业"；其中，与2012年相比，"计算机、通信和其他电子设备制造业"的创新条件实力指数增加幅度较大。排名后10位的行业分别为"造纸和纸制品业""家具制造业""石油、煤炭及其他燃料加工业""化学纤维制造业""印刷和记录媒介复制业""皮革、毛皮、羽毛及其制品和制鞋业""其他制造业""木材加工和木、竹、藤、棕、草制品业""金属制品、机械和设备修理业""废弃资源综合利用业"；其中，与2012年相比，"家具制造业""石油、煤炭及其他燃料加工业""金属制品、机械和设备修理业"的创新条件实力指数增加幅度较大，如图4-3所示。

2012～2020年，中国制造业创新条件实力指数年均增速排名前10位的行业依次为"废弃资源综合利用业""金属制品、机械和设备修理业""家具制造业""石油、煤炭及其他燃料加工业""计算机、通信和其他电子设备制造业""其他制造业""铁路、船舶、航空航天和其他运输设备制造业""印刷和记录媒介复制业""食品制造业""金属制品业"，其中"计算机、通信和其他电子设备制造业""铁路、船舶、航空航天和其他运输设备制造业""金属制品业"的2020年创新条件实力指数排名前10位。创新条件实力指数年均增速排名后10位的行业中，"通用设备制造业""化学原料和化学制品制造业"的2020年创新条件实力指数排名前10位，"化学纤维制造业""皮革、毛皮、羽毛及

其制品和制鞋业""木材加工和木、竹、藤、棕、草制品业"的 2020
年创新条件实力指数排名后 10 位，如图 4-4 所示。

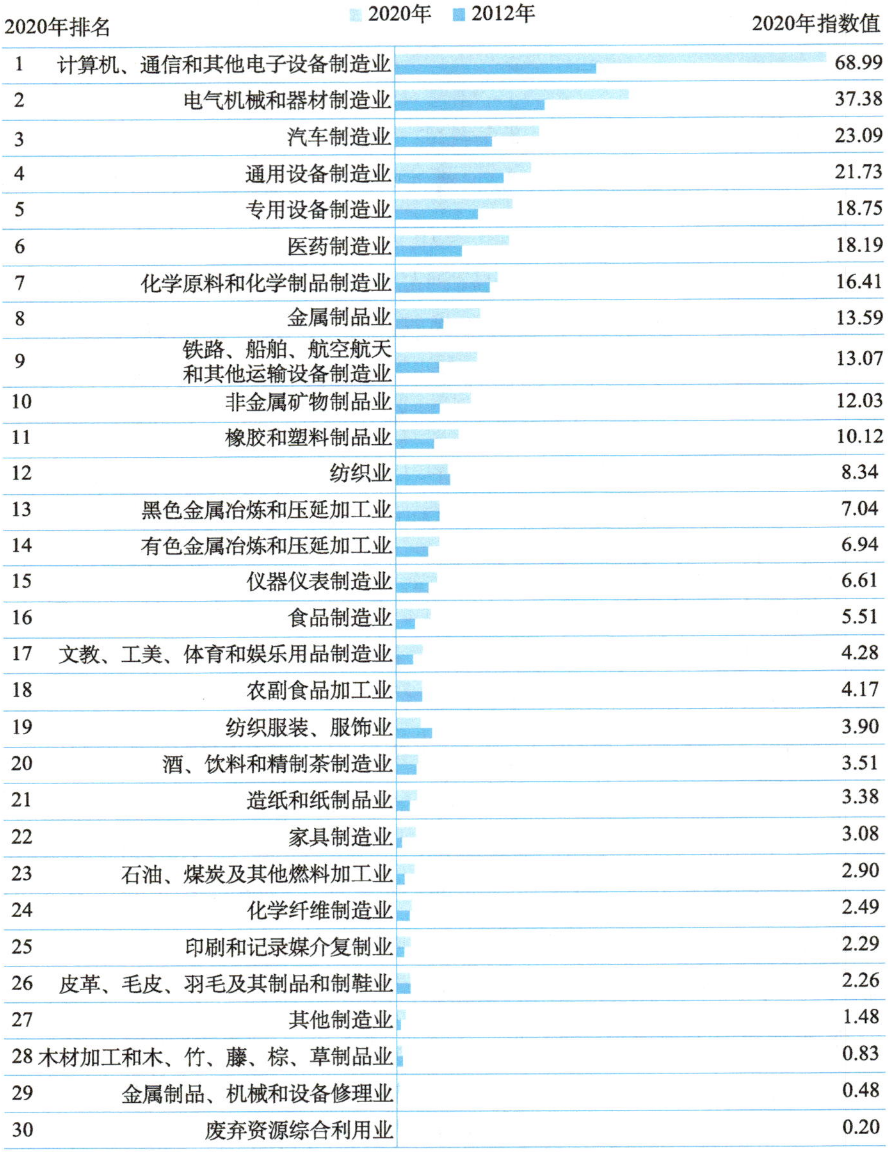

2020年排名		2020年指数值
1	计算机、通信和其他电子设备制造业	68.99
2	电气机械和器材制造业	37.38
3	汽车制造业	23.09
4	通用设备制造业	21.73
5	专用设备制造业	18.75
6	医药制造业	18.19
7	化学原料和化学制品制造业	16.41
8	金属制品业	13.59
9	铁路、船舶、航空航天和其他运输设备制造业	13.07
10	非金属矿物制品业	12.03
11	橡胶和塑料制品业	10.12
12	纺织业	8.34
13	黑色金属冶炼和压延加工业	7.04
14	有色金属冶炼和压延加工业	6.94
15	仪器仪表制造业	6.61
16	食品制造业	5.51
17	文教、工美、体育和娱乐用品制造业	4.28
18	农副食品加工业	4.17
19	纺织服装、服饰业	3.90
20	酒、饮料和精制茶制造业	3.51
21	造纸和纸制品业	3.38
22	家具制造业	3.08
23	石油、煤炭及其他燃料加工业	2.90
24	化学纤维制造业	2.49
25	印刷和记录媒介复制业	2.29
26	皮革、毛皮、羽毛及其制品和制鞋业	2.26
27	其他制造业	1.48
28	木材加工和木、竹、藤、棕、草制品业	0.83
29	金属制品、机械和设备修理业	0.48
30	废弃资源综合利用业	0.20

（图例：■ 2020年　■ 2012年）

图 4-3　中国制造业创新条件实力指数（2012 年、2020 年）

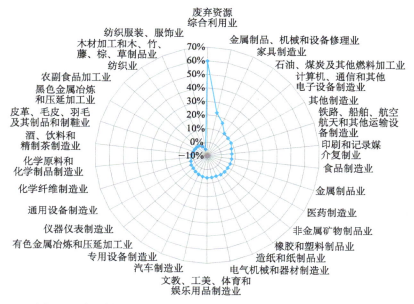

图 4-4　中国制造业创新条件实力指数年均增速（2012～2020 年）

第三节　创新产出实力指数

2020 年，中国制造业创新产出实力指数排名前 10 位的行业分别为"计算机、通信和其他电子设备制造业""电气机械和器材制造业""汽车制造业""专用设备制造业""通用设备制造业""铁路、船舶、航空航天和其他运输设备制造业""金属制品业""化学原料和化学制品制造业""仪器仪表制造业""非金属矿物制品业"；其中，与 2012 年相比，"计算机、通信和其他电子设备制造业""电气机械和器材制造业"的创新产出实力指数增长幅度较大。排名后 10 位的行业分别为"农副食品加工业""石油、煤炭及其他燃料加工业""其他制造业""印刷和记录媒介复制业""皮革、毛皮、羽毛及其制品和制鞋业""酒、饮料和精制茶制造业""化学纤维制造业""木材加工和木、竹、藤、棕、草制品业""金属制品、机械和设备修理业""废弃资源综合利用业";其中,与 2012 年相比,"石油、煤炭及其他燃料加工业""其他制造业""印刷和记录媒介复制业"的创新产出实力指数增长幅度较大,如图 4-5 所示。

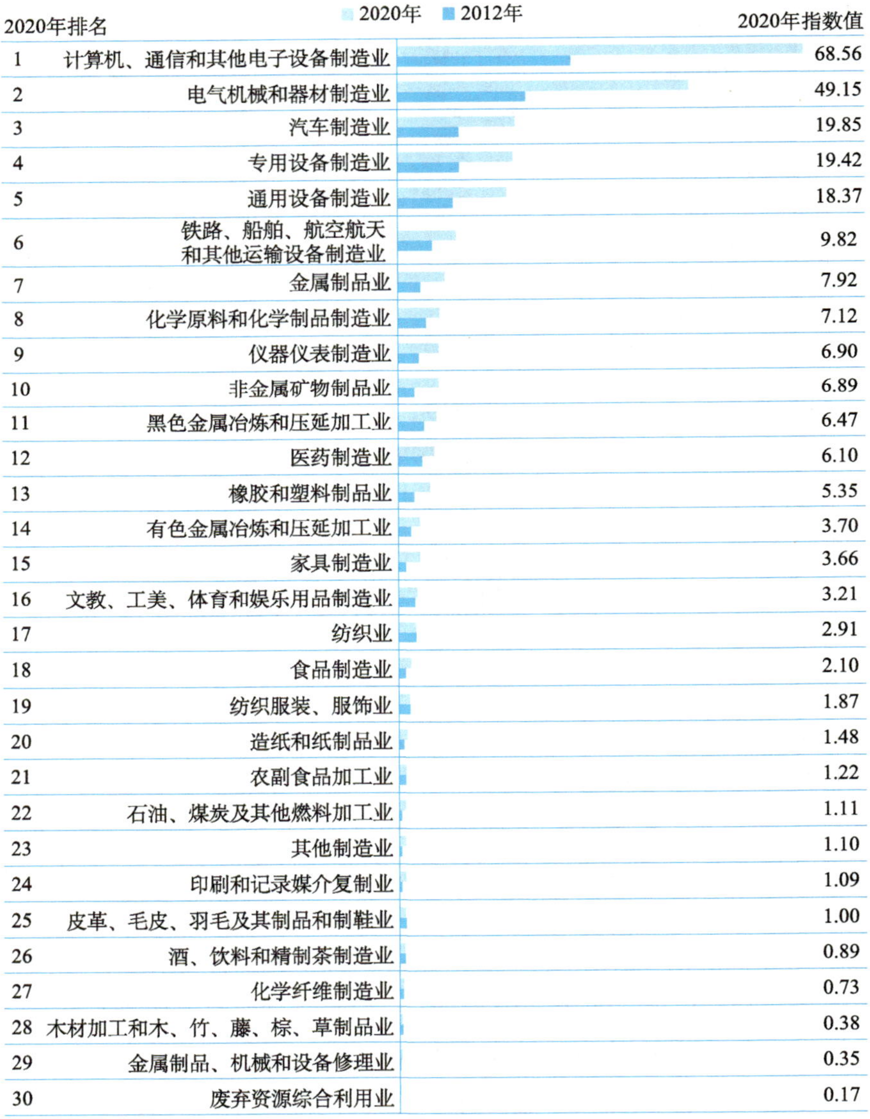

2020年排名		2020年指数值
1	计算机、通信和其他电子设备制造业	68.56
2	电气机械和器材制造业	49.15
3	汽车制造业	19.85
4	专用设备制造业	19.42
5	通用设备制造业	18.37
6	铁路、船舶、航空航天和其他运输设备制造业	9.82
7	金属制品业	7.92
8	化学原料和化学制品制造业	7.12
9	仪器仪表制造业	6.90
10	非金属矿物制品业	6.89
11	黑色金属冶炼和压延加工业	6.47
12	医药制造业	6.10
13	橡胶和塑料制品业	5.35
14	有色金属冶炼和压延加工业	3.70
15	家具制造业	3.66
16	文教、工美、体育和娱乐用品制造业	3.21
17	纺织业	2.91
18	食品制造业	2.10
19	纺织服装、服饰业	1.87
20	造纸和纸制品业	1.48
21	农副食品加工业	1.22
22	石油、煤炭及其他燃料加工业	1.11
23	其他制造业	1.10
24	印刷和记录媒介复制业	1.09
25	皮革、毛皮、羽毛及其制品和制鞋业	1.00
26	酒、饮料和精制茶制造业	0.89
27	化学纤维制造业	0.73
28	木材加工和木、竹、藤、棕、草制品业	0.38
29	金属制品、机械和设备修理业	0.35
30	废弃资源综合利用业	0.17

（图例：■2020年 ■2012年）

图 4-5　中国制造业创新产出实力指数（2012 年、2020 年）

2012～2020 年，中国制造业创新产出实力指数年均增速排名前 10 位的行业依次为"废弃资源综合利用业""家具制造业""石油、煤炭及其他燃料加工业""金属制品、机械和设备修理业""印刷和记录媒介复制业""非金属矿物制品业""其他制造业""计算机、通信和其他电子设备制造业""电气机械和器材制造业""金属制品业"。其中，"非金属矿物制品业""计算机、通信和其他电子设备制造业""电气机械和器材制造业""金属制品业"的 2020 年创新产出实力指数排名前 10 位。创新产出实力指数年均增速排名后 10 位的行业中，"化学纤维制造业""农副食品加工业""酒、饮料和精制茶制造业""皮革、毛皮、羽毛及其制品和制鞋业""木材加工和木、竹、藤、棕、草制品业"的 2020 年创新产出实力指数排名后 10 位，如图 4-6 所示。

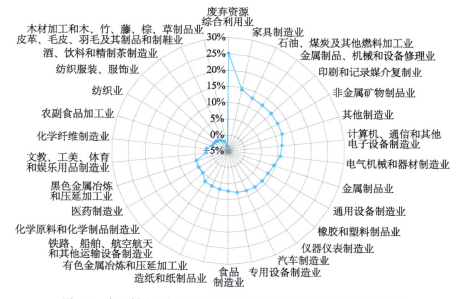

图 4-6　中国制造业创新产出实力指数年均增速（2012～2020 年）

第四节　创新影响实力指数

2020 年，中国制造业创新影响实力指数排名前 10 位的行业分别为"计算机、通信和其他电子设备制造业""电气机械和器材制造业""汽车制造业""医药制造业""化学原料和化学制品制造业""酒、饮料和精制茶制造业""铁路、船舶、航空航天和其他运输设备制造业""专用设备制造业""黑色金属冶炼和压延加工业""非金属矿物制品业"；其中，与 2012 年相比，"计算机、通信和其他电子设备制造业""汽车制造业""酒、饮料和精制茶制造业""医药制造业"的创新影响实力指数增加幅度较大。排名后 10 位的行业分别为"印刷和记录媒介复制业""仪器仪表制造业""纺织服装、服饰业""化学纤维制造业""家具制造业""皮革、毛皮、羽毛及其制品和制鞋业""木材加工和木、竹、藤、棕、草制品业""其他制造业""废弃资源综合利用业""金属制品、机械和设备修理业"；其中，与 2012 年相比，"印刷和记录媒介复制业"的创新影响实力指数增加幅度明显大于其他 9 个行业，如图 4-7 所示。

2012～2020 年，中国制造业创新影响实力指数年均增速排名前 10 位的行业依次为"酒、饮料和精制茶制造业""印刷和记录媒介复制业""石油、煤炭及其他燃料加工业""医药制造业""铁路、船舶、航空航天和其他运输设备制造业""文教、工美、体育和娱乐用品制造业""计算机、通信和其他电子设备制造业""汽车制造业""金属制品、机械和设备修理业""黑色金属冶炼和压延加工业"，其中"酒、饮料和精制茶制造业""医药制造业""铁路、船舶、航空航天和其他运输设备制造业""计算机、通信和其他电子设备制造业""汽车制造业""黑色金属冶炼和压延加工业"的 2020 年创新影响实力指数排名前 10 位。创新影响实力指数年均增速排名后 10 位的行业中，"专用设备制造业"的 2020 年创新影响实力指数排名前 10 位，"其他制造业""木材加工和木、竹、藤、棕、草制品业""仪器仪表制造业""纺织服装、服饰业""皮革、毛皮、羽毛及其制品和制鞋业"的 2020 年创新影响实力指数排名后 10 位，如图 4-8 所示。

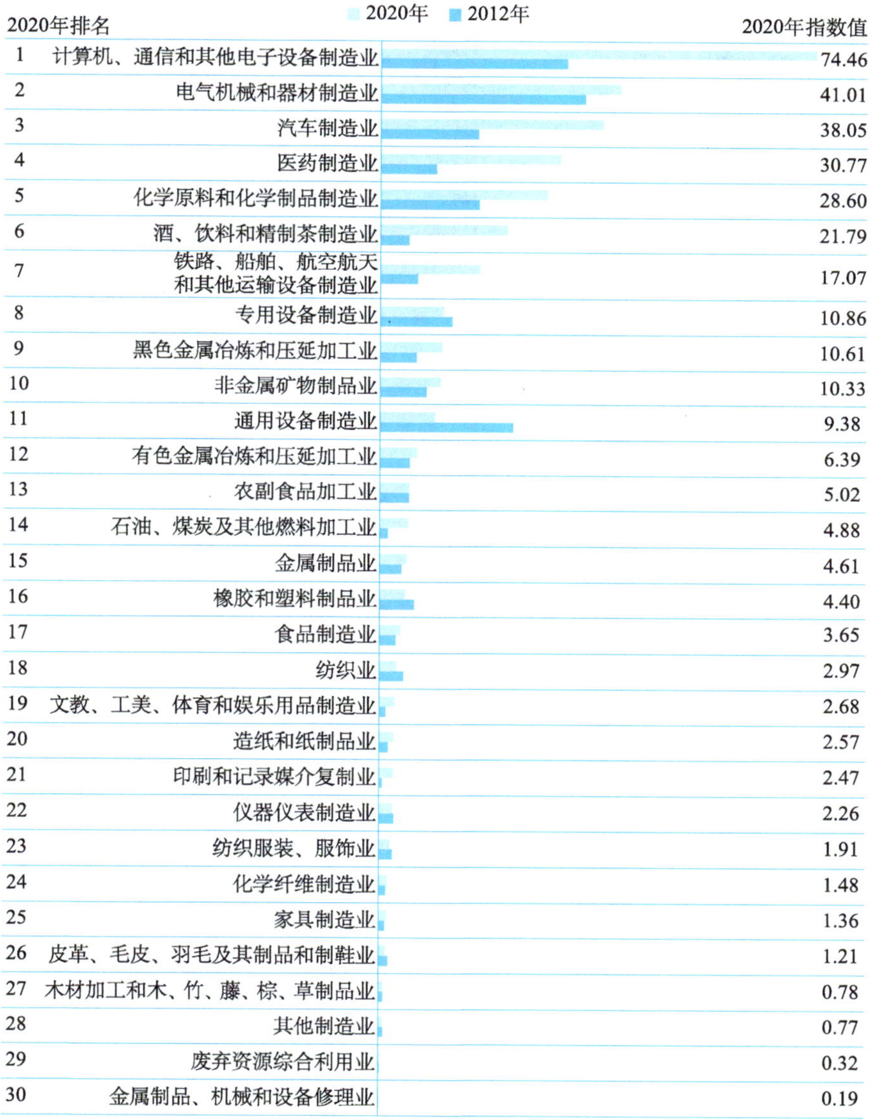

2020年排名		2020年指数值
1	计算机、通信和其他电子设备制造业	74.46
2	电气机械和器材制造业	41.01
3	汽车制造业	38.05
4	医药制造业	30.77
5	化学原料和化学制品制造业	28.60
6	酒、饮料和精制茶制造业	21.79
7	铁路、船舶、航空航天和其他运输设备制造业	17.07
8	专用设备制造业	10.86
9	黑色金属冶炼和压延加工业	10.61
10	非金属矿物制品业	10.33
11	通用设备制造业	9.38
12	有色金属冶炼和压延加工业	6.39
13	农副食品加工业	5.02
14	石油、煤炭及其他燃料加工业	4.88
15	金属制品业	4.61
16	橡胶和塑料制品业	4.40
17	食品制造业	3.65
18	纺织业	2.97
19	文教、工美、体育和娱乐用品制造业	2.68
20	造纸和纸制品业	2.57
21	印刷和记录媒介复制业	2.47
22	仪器仪表制造业	2.26
23	纺织服装、服饰业	1.91
24	化学纤维制造业	1.48
25	家具制造业	1.36
26	皮革、毛皮、羽毛及其制品和制鞋业	1.21
27	木材加工和木、竹、藤、棕、草制品业	0.78
28	其他制造业	0.77
29	废弃资源综合利用业	0.32
30	金属制品、机械和设备修理业	0.19

图例：■ 2020年 ■ 2012年

图 4-7 中国制造业创新影响实力指数（2012 年、2020 年）

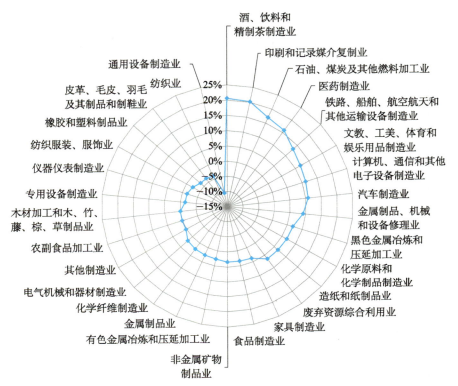

图 4-8   中国制造业创新影响实力指数年均增速（2012～2020 年）

第五章
中国制造业创新效力演进

第一节　创新投入效力指数

2020 年，中国制造业创新投入效力指数排名前 10 位的行业分别是"仪器仪表制造业""铁路、船舶、航空航天和其他运输设备制造业""医药制造业""专用设备制造业""通用设备制造业""电气机械和器材制造业""计算机、通信和其他电子设备制造业""其他制造业""金属制品、机械和设备修理业""橡胶和塑料制品业"；其中，与 2012 年相比，"仪器仪表制造业""金属制品、机械和设备修理业""其他制造业"的创新投入效力指数增加幅度较大。排名后 10 位的行业分别是"木材加工和木、竹、藤、棕、草制品业""黑色金属冶炼和压延加工业""文教、工美、体育和娱乐用品制造业""有色金属冶炼和压延加工业""废弃资源综合利用业""皮革、毛皮、羽毛及其制品和制鞋业""食品制造业""酒、饮料和精制茶制造业""农副食品加工业""石油、煤炭及其他燃料加工业"；其中，与 2012 年相比，"废弃资源综合利用业""木材加工和木、竹、藤、棕、草制品业""文教、工美、体育和娱乐用品制造业""皮革、毛皮、羽毛及其制品和制鞋业"的创新投入效力指数增加幅度较大，如图 5-1 所示。

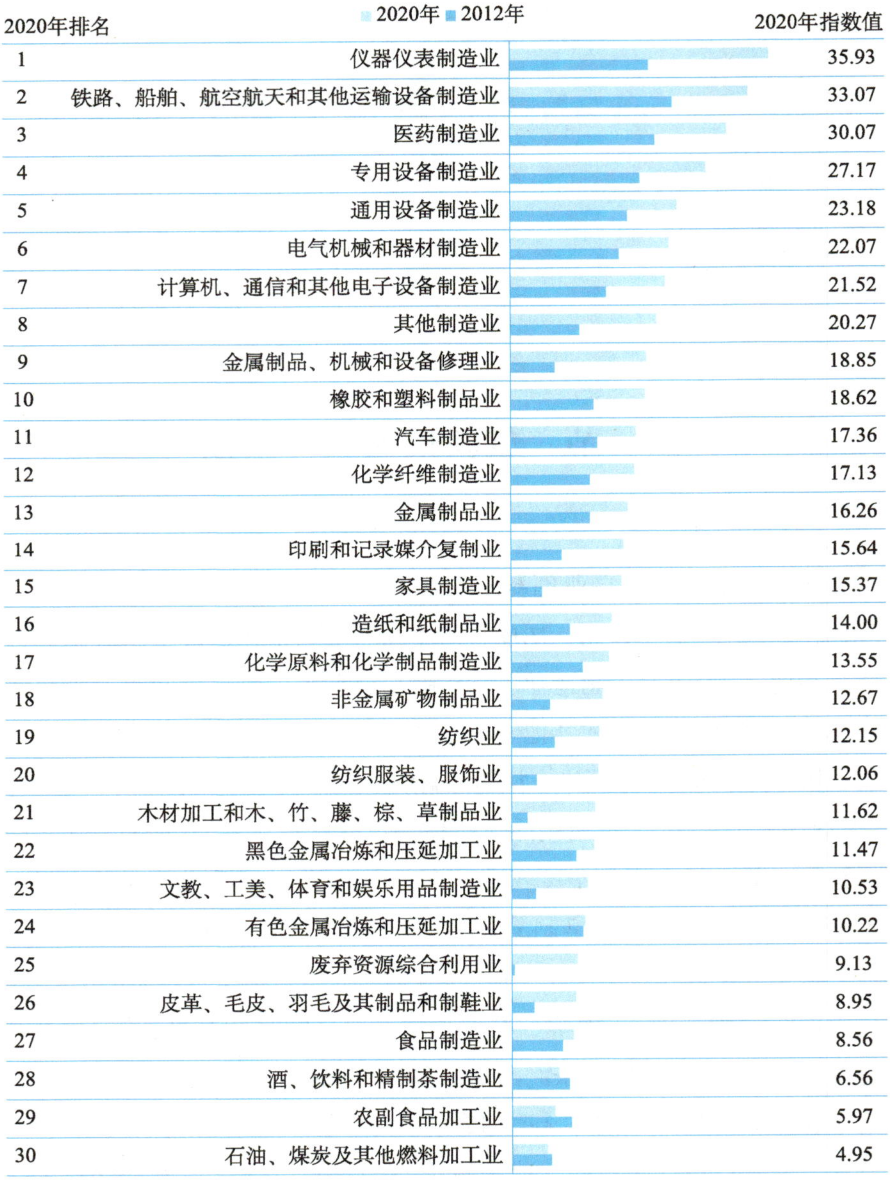

2020年排名		2020年指数值
	■2020年 ■2012年	
1	仪器仪表制造业	35.93
2	铁路、船舶、航空航天和其他运输设备制造业	33.07
3	医药制造业	30.07
4	专用设备制造业	27.17
5	通用设备制造业	23.18
6	电气机械和器材制造业	22.07
7	计算机、通信和其他电子设备制造业	21.52
8	其他制造业	20.27
9	金属制品、机械和设备修理业	18.85
10	橡胶和塑料制品业	18.62
11	汽车制造业	17.36
12	化学纤维制造业	17.13
13	金属制品业	16.26
14	印刷和记录媒介复制业	15.64
15	家具制造业	15.37
16	造纸和纸制品业	14.00
17	化学原料和化学制品制造业	13.55
18	非金属矿物制品业	12.67
19	纺织业	12.15
20	纺织服装、服饰业	12.06
21	木材加工和木、竹、藤、棕、草制品业	11.62
22	黑色金属冶炼和压延加工业	11.47
23	文教、工美、体育和娱乐用品制造业	10.53
24	有色金属冶炼和压延加工业	10.22
25	废弃资源综合利用业	9.13
26	皮革、毛皮、羽毛及其制品和制鞋业	8.95
27	食品制造业	8.56
28	酒、饮料和精制茶制造业	6.56
29	农副食品加工业	5.97
30	石油、煤炭及其他燃料加工业	4.95

图 5-1 中国制造业创新投入效力指数（2012 年、2020 年）

2012～2020 年，中国制造业创新投入效力指数年均增速排名前
10 位的行业依次为"废弃资源综合利用业""木材加工和木、竹、藤、

棕、草制品业""家具制造业""纺织服装、服饰业""文教、工美、体育和娱乐用品制造业""金属制品、机械和设备修理业""皮革、毛皮、羽毛及其制品和制鞋业""非金属矿物制品业""印刷和记录媒介复制业""其他制造业",其中"金属制品、机械和设备修理业""其他制造业"的 2020 年创新投入效力指数排名前 10 位。创新投入效力指数年均增速排名后 10 位的行业中,"电气机械和器材制造业""通用设备制造业"的 2020 年创新投入效力指数排名前 10 位,"黑色金属冶炼和压延加工业""食品制造业""有色金属冶炼和压延加工业""石油、煤炭及其他燃料加工业""酒、饮料和精制茶制造业""农副食品加工业"的 2020 年创新投入效力指数排名后 10 位,如图 5-2 所示。

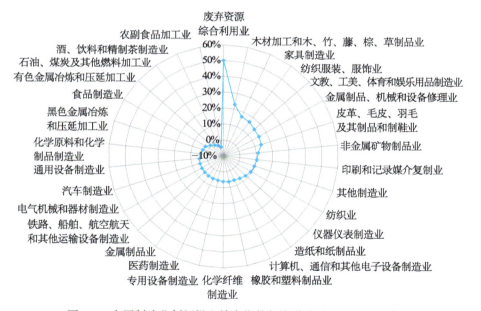

图 5-2 中国制造业创新投入效力指数年均增速（2012～2020 年）

第二节　创新条件效力指数

2020 年，中国制造业创新条件效力指数排名前 10 位的行业分别是"铁路、船舶、航空航天和其他运输设备制造业""石油、煤炭及其他燃料加工业""其他制造业""计算机、通信和其他电子设备制造业""医药制造业""黑色金属冶炼和压延加工业""化学纤维制造业""电气机械和器材制造业""通用设备制造业""有色金属冶炼和压延加工业"；其中，与 2012 年相比，"其他制造业""石油、煤炭及其他燃料加工业""铁路、船舶、航空航天和其他运输设备制造业"的创新条件效力指数增加幅度较大。排名后 10 位的行业分别是"酒、饮料和精制茶制造业""食品制造业""纺织业""木材加工和木、竹、藤、棕、草制品业""家具制造业""金属制品、机械和设备修理业""文教、工美、体育和娱乐用品制造业""农副食品加工业""纺织服装、服饰业""皮革、毛皮、羽毛及其制品和制鞋业"；其中，与 2012 年相比，"金属制品、机械和设备修理业""木材加工和木、竹、藤、棕、草制品业""家具制造业""皮革、毛皮、羽毛及其制品和制鞋业"的创新条件效力指数增加幅度较大，如图 5-3 所示。

2012～2020 年，中国制造业创新条件效力指数年均增速排名前 10 位的行业依次为"金属制品、机械和设备修理业""废弃资源综合利用业""木材加工和木、竹、藤、棕、草制品业""其他制造业""家具制造业""皮革、毛皮、羽毛及其制品和制鞋业""石油、煤炭及其他燃料加工业""铁路、船舶、航空航天和其他运输设备制造业""非金属矿物制品业""造纸和纸制品业"。其中，"其他制造业""石油、煤炭及其他燃料加工业""铁路、船舶、航空航天和其他运输设备制造业"的 2020 年创新条件效力指数排名前 10 位。创新条件效力指数年均增速排名后 10 位的行业中，"通用设备制造业""医药制造业""化学纤维制造业"的 2020 年创新条件效力指数排名前 10 位，"纺织业""酒、饮料和精制茶制造业"的 2020 年创新条件效力指数排名后 10 位，如图 5-4 所示。

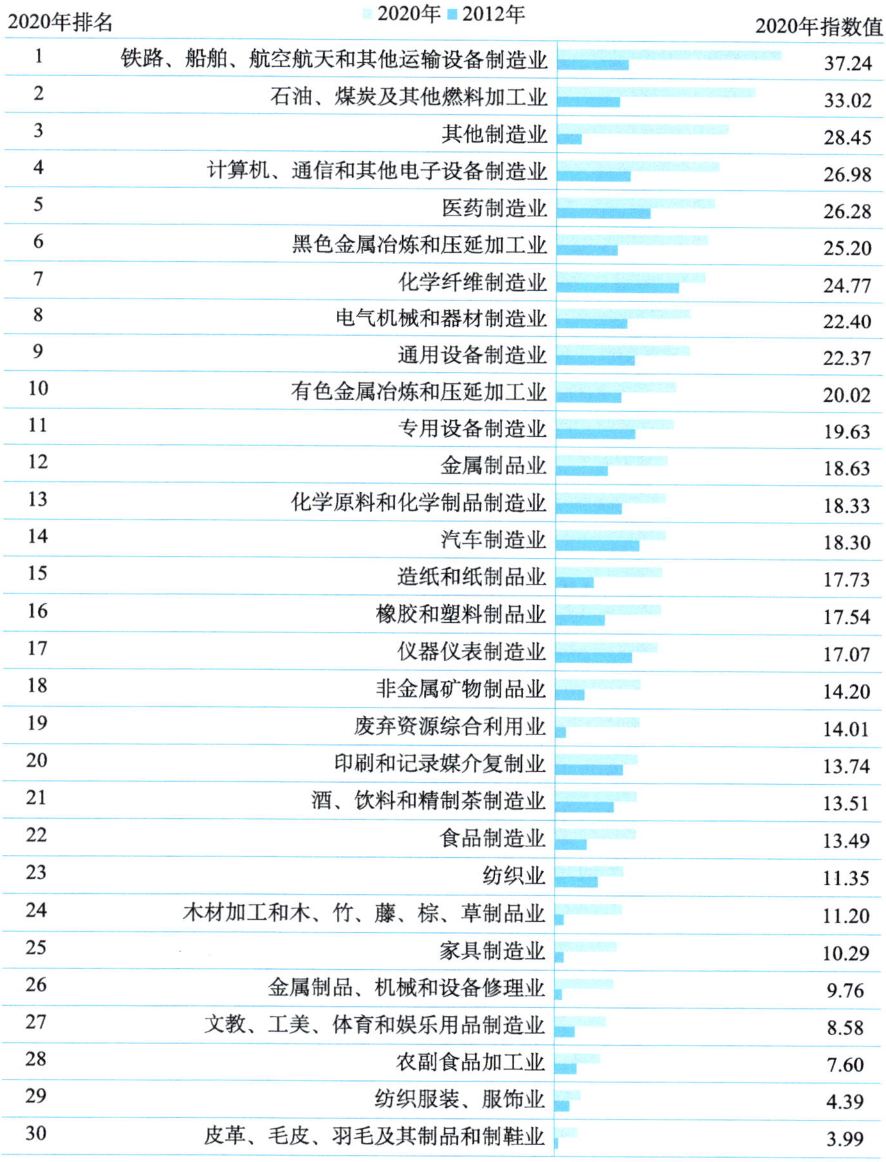

2020年排名		2020年指数值
1	铁路、船舶、航空航天和其他运输设备制造业	37.24
2	石油、煤炭及其他燃料加工业	33.02
3	其他制造业	28.45
4	计算机、通信和其他电子设备制造业	26.98
5	医药制造业	26.28
6	黑色金属冶炼和压延加工业	25.20
7	化学纤维制造业	24.77
8	电气机械和器材制造业	22.40
9	通用设备制造业	22.37
10	有色金属冶炼和压延加工业	20.02
11	专用设备制造业	19.63
12	金属制品业	18.63
13	化学原料和化学制品制造业	18.33
14	汽车制造业	18.30
15	造纸和纸制品业	17.73
16	橡胶和塑料制品业	17.54
17	仪器仪表制造业	17.07
18	非金属矿物制品业	14.20
19	废弃资源综合利用业	14.01
20	印刷和记录媒介复制业	13.74
21	酒、饮料和精制茶制造业	13.51
22	食品制造业	13.49
23	纺织业	11.35
24	木材加工和木、竹、藤、棕、草制品业	11.20
25	家具制造业	10.29
26	金属制品、机械和设备修理业	9.76
27	文教、工美、体育和娱乐用品制造业	8.58
28	农副食品加工业	7.60
29	纺织服装、服饰业	4.39
30	皮革、毛皮、羽毛及其制品和制鞋业	3.99

（图例：■2020年 ■2012年）

图 5-3 中国制造业创新条件效力指数（2012 年、2020 年）

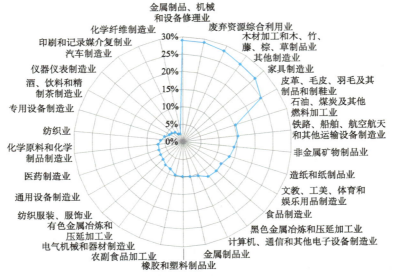

图 5-4　中国制造业创新条件效力指数年均增速（2012～2020 年）

第三节　创新产出效力指数

　　2020 年，中国制造业创新产出效力指数排名前 10 位的行业分别是"电气机械和器材制造业""仪器仪表制造业""计算机、通信和其他电子设备制造业""专用设备制造业""其他制造业""铁路、船舶、航空航天和其他运输设备制造业""通用设备制造业""家具制造业""文教、工美、体育和娱乐用品制造业""金属制品、机械和设备修理业"；其中，与 2012 年相比，"铁路、船舶、航空航天和其他运输设备制造业""电气机械和器材制造业"的创新产出效力指数增加幅度较大。排名后 10 位的行业分别是"黑色金属冶炼和压延加工业""有色金属冶炼和压延加工业""纺织服装、服饰业""造纸和纸制品业""纺织业""酒、饮料和精制茶制造业""石油、煤炭及其他燃料加工业""皮革、毛皮、羽毛及其制品和制鞋业""农副食品加工业""化学纤维制造业"；其中，与 2012 年相比,"黑色金属冶炼和压延加工业""有色金属冶炼和压延加工业"的创新产出效力指数增加幅度较大,"纺织服装、服饰业""纺织业""皮革、毛皮、羽毛及其制品和制鞋业""农副食品加工业""化学纤维制造业"的创新产出效力指数有所下降,如图 5-5 所示。

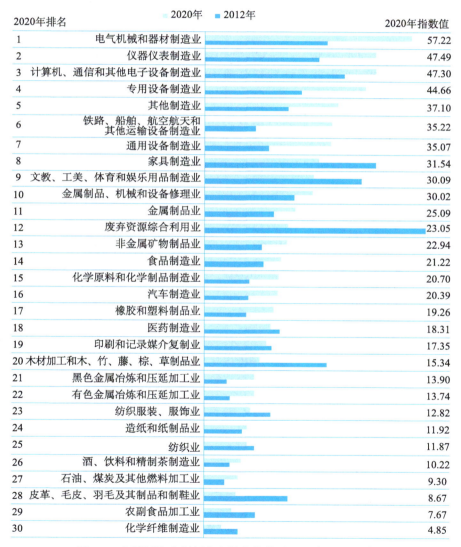

图 5-5　中国制造业创新产出效力指数（2012 年、2020 年）

　　2012～2020 年，中国制造业创新产出效力指数年均增速排名前 10 位的行业依次为"铁路、船舶、航空航天和其他运输设备制造业""黑色金属冶炼和压延加工业""通用设备制造业""有色金属冶炼和压延加工业""电气机械和器材制造业""石油、煤炭及其他燃料加工业""橡胶和塑料制品业""汽车制造业""专用设备制造业""化学原料和化学制品制造业"，其中"铁路、船舶、航空航天和其他运输设备制造业""通用设备制造业""电气机械和器材制造业""专用设备制造业"的 2020 年创新产出效力指数排名前 10 位。创新产出效力指数年均增速排名后 10 位的行业中，"文教、工美、体育和娱乐用品制造业""家具制造业"的 2020 年创新产出效力指数排名前 10 位，"纺织业""纺织服装、服饰业""农副食品加工业""化学纤维制造业""皮革、毛皮、羽毛及其制品和制鞋业"的 2020 年创新产出效力指数排名后 10 位，如图 5-6 所示。

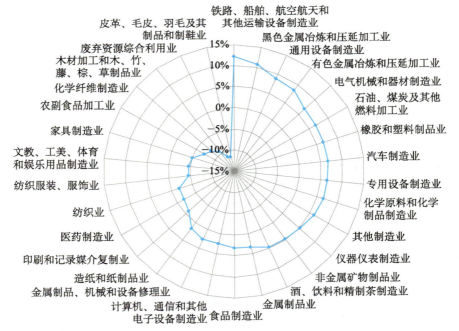

图 5-6　中国制造业创新产出效力指数年均增速（2012～2020 年）

第四节　创新影响效力指数

2020 年，中国制造业创新影响效力指数排名前 10 位的行业分别是"仪器仪表制造业""医药制造业""计算机、通信和其他电子设备制造业""酒、饮料和精制茶制造业""铁路、船舶、航空航天和其他运输设备制造业""专用设备制造业""电气机械和器材制造业""文教、工美、体育和娱乐用品制造业""汽车制造业""家具制造业"；其中，与 2012 年相比，"医药制造业""仪器仪表制造业""酒、饮料和精制茶制造业"的创新影响效力指数增加幅度较大。排名后 10 位的行业分别是"纺织服装、服饰业""黑色金属冶炼和压延加工业""木材加工和木、竹、藤、棕、草制品业""化学原料和化学制品制造业""造纸和纸制品业""农副食品加工业""化学纤维制造业""有色金属冶炼和压延加工业""废弃资源综合利用业""石油、煤炭及其他燃料加工业"；其中，与 2012 年相比，"废弃资源综合利用业"的创新影响效力指数有所下降，如图 5-7 所示。

2012～2020 年，中国制造业创新影响效力指数年均增速排名前 10 位的行业依次为"酒、饮料和精制茶制造业""石油、煤炭及其他燃料加工业""纺织业""医药制造业""仪器仪表制造业""造纸和纸制品业""皮革、毛皮、羽毛及其制品和制鞋业""专用设备制造业""化学原料和化学制品制造业""木材加工和木、竹、藤、棕、草制品业"。其中，"酒、饮料和精制茶制造业""医药制造业""仪器仪表制造业""专用设备制造业"的 2020 年创新影响效力指数排名前 10 位。创新影响效力指数年均增速排名后 10 位的行业中，"家具制造业"的 2020 年创新影响效力指数排名前 10 位，"有色金属冶炼和压延加工业""纺织服装、服饰业""化学纤维制造业""农副食品加工业""废弃资源综合利用业"的 2020 年创新影响效力指数排名后 10 位，如图 5-8 所示。

2020年排名		■2020年 ■2012年	2020年指数值
1	仪器仪表制造业		45.62
2	医药制造业		40.70
3	计算机、通信和其他电子设备制造业		36.16
4	酒、饮料和精制茶制造业		35.64
5	铁路、船舶、航空航天和其他运输设备制造业		34.58
6	专用设备制造业		33.06
7	电气机械和器材制造业		31.11
8	文教、工美、体育和娱乐用品制造业		26.64
9	汽车制造业		26.56
10	家具制造业		26.45
11	其他制造业		25.74
12	通用设备制造业		25.57
13	皮革、毛皮、羽毛及其制品和制鞋业		23.67
14	橡胶和塑料制品业		23.66
15	金属制品、机械和设备修理业		21.79
16	食品制造业		20.69
17	金属制品业		20.45
18	印刷和记录媒介复制业		20.37
19	非金属矿物制品业		19.81
20	纺织业		18.85
21	纺织服装、服饰业		18.81
22	黑色金属冶炼和压延加工业		18.41
23	木材加工和木、竹、藤、棕、草制品业		18.23
24	化学原料和化学制品制造业		17.65
25	造纸和纸制品业		17.49
26	农副食品加工业		16.48
27	化学纤维制造业		15.39
28	有色金属冶炼和压延加工业		12.29
29	废弃资源综合利用业		11.76
30	石油、煤炭及其他燃料加工业		8.01

图 5-7　中国制造业创新影响效力指数（2012 年、2020 年）

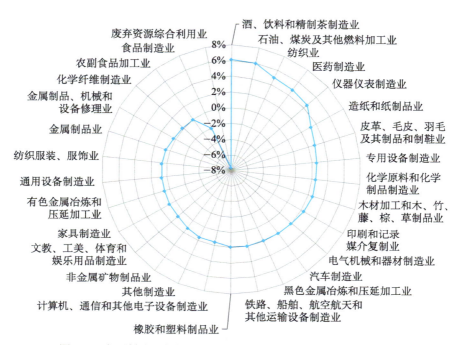

图 5-8　中国制造业创新影响效力指数年均增速（2012～2020 年）

第六章
中国制造业创新发展指数演进

第一节　创新发展指数

2020年，中国制造业创新发展指数排名前10位的行业分别是"仪器仪表制造业""计算机、通信和其他电子设备制造业""专用设备制造业""电气机械和器材制造业""医药制造业""铁路、船舶、航空航天和其他运输设备制造业""通用设备制造业""其他制造业""酒、饮料和精制茶制造业""汽车制造业"；其中，与2012年相比，"仪器仪表制造业""铁路、船舶、航空航天和其他运输设备制造业""专用设备制造业""通用设备制造业"的创新发展指数增加幅度较大。排名后10位的行业分别是"木材加工和木、竹、藤、棕、草制品业""皮革、毛皮、羽毛及其制品和制鞋业""有色金属冶炼和压延加工业""农副食品加工业""石油、煤炭及其他燃料加工业""造纸和纸制品业""废弃资源综合利用业""纺织业""纺织服装、服饰业""化学纤维制造业"；其中，与2012年相比，"有色金属冶炼和压延加工业""石油、煤炭及其他燃料加工业""造纸和纸制品业"的创新发展指数增加幅度较大，如图6-1所示。

2020年排名		2020年指数值
	■2020年　■2012年	
1	仪器仪表制造业	49.99
2	计算机、通信和其他电子设备制造业	37.13
3	专用设备制造业	32.73
4	电气机械和器材制造业	31.64
5	医药制造业	29.81
6	铁路、船舶、航空航天和其他运输设备制造业	28.67
7	通用设备制造业	24.84
8	其他制造业	23.94
9	酒、饮料和精制茶制造业	20.70
10	汽车制造业	19.93
11	文教、工美、体育和娱乐用品制造业	18.73
12	家具制造业	17.62
13	食品制造业	17.00
14	化学原料和化学制品制造业	16.85
15	橡胶和塑料制品业	16.61
16	非金属矿物制品业	15.72
17	金属制品业	15.52
18	印刷和记录媒介复制业	14.76
19	金属制品、机械和设备修理业	13.78
20	黑色金属冶炼和压延加工业	13.60
21	木材加工和木、竹、藤、棕、草制品业	13.39
22	皮革、毛皮、羽毛及其制品和制鞋业	12.67
23	有色金属冶炼和压延加工业	12.65
24	农副食品加工业	12.60
25	石油、煤炭及其他燃料加工业	12.06
26	造纸和纸制品业	11.67
27	废弃资源综合利用业	11.36
28	纺织业	11.18
29	纺织服装、服饰业	11.12
30	化学纤维制造业	9.51

图 6-1　中国制造业创新发展指数（2012 年、2020 年）

2012～2020 年，中国制造业创新发展指数年均增速排名前 10 位的行业依次为"仪器仪表制造业""其他制造业""铁路、船舶、航空航天和其他运输设备制造业""专用设备制造业""通用设备制造业""黑色金属冶炼和压延加工业""橡胶和塑料制品业""电气机械和器材制造业""化学原料和化学制品制造业""酒、饮料和精制茶制造业"，其中"仪器仪表制造业""其他制造业""铁路、船舶、航空航天和其他运输设备制造业""专用设备制造业""通用设备制造业""电气机械和器材制造业""酒、饮料和精制茶制造业"7 个行业的 2020 年创新发展指数排名前 10 位。创新发展指数年均增速排名后 10 位的行业中，"废弃资源综合利用业""木材加工和木、竹、藤、棕、草制品业""纺织服装、服饰业""皮革、毛皮、羽毛及其制品和制鞋业""化学纤维制造业""农副食品加工业""纺织业"的 2020 年创新发展指数排名后 10 位，如图 6-2 所示。

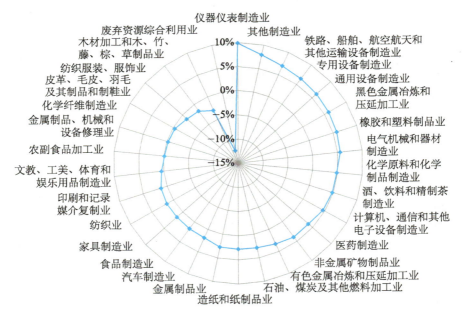

图 6-2　中国制造业创新发展指数年均增速（2012～2020 年）

第二节 科技发展指数

2020年，中国制造业科技发展指数排名前10位的行业分别为"仪器仪表制造业""计算机、通信和其他电子设备制造业""专用设备制造业""铁路、船舶、航空航天和其他运输设备制造业""电气机械和器材制造业""其他制造业""通用设备制造业""医药制造业""化学原料和化学制品制造业""金属制品业"；其中，与2012年相比，"仪器仪表制造业""专用设备制造业""铁路、船舶、航空航天和其他运输设备制造业""其他制造业"的科技发展指数增加幅度较大。排名后10位的行业分别为"印刷和记录媒介复制业""家具制造业""文教、工美、体育和娱乐用品制造业""废弃资源综合利用业""纺织业""造纸和纸制品业""化学纤维制造业""酒、饮料和精制茶制造业""纺织服装、服饰业""皮革、毛皮、羽毛及其制品和制鞋业"；其中，与2012年相比，"家具制造业""纺织业"的科技发展指数增加幅度较大，"废弃资源综合利用业"的科技发展指数下降幅度较大，如图6-3所示。

2012～2020年，中国制造业科技发展指数年均增速排名前10位的行业依次为"铁路、船舶、航空航天和其他运输设备制造业""其他制造业""通用设备制造业""橡胶和塑料制品业""仪器仪表制造业""电气机械和器材制造业""专用设备制造业""黑色金属冶炼和压延加工业""汽车制造业""化学原料和化学制品制造业"，其中"铁路、船舶、航空航天和其他运输设备制造业""其他制造业""通用设备制造业""仪器仪表制造业""电气机械和器材制造业""专用设备制造业""化学原料和化学制品制造业"的2020年科技发展指数排名前10位。科技发展指数年均增速排名后10位的行业中，"酒、饮料和精制茶制造业""造纸和纸制品业""皮革、毛皮、羽毛及其制品和制鞋业""化学纤维制造业""文教、工美、体育和娱乐用品制造业""废弃资源综合利用业"的2020年科技发展指数排名后10位，如图6-4所示。

2020年排名		2020年　2012年	2020年指数值
1	仪器仪表制造业		56.57
2	计算机、通信和其他电子设备制造业		49.13
3	专用设备制造业		46.60
4	铁路、船舶、航空航天和其他运输设备制造业		44.07
5	电气机械和器材制造业		42.34
6	其他制造业		39.68
7	通用设备制造业		35.73
8	医药制造业		35.34
9	化学原料和化学制品制造业		25.59
10	金属制品业		21.41
11	食品制造业		20.25
12	黑色金属冶炼和压延加工业		19.92
13	橡胶和塑料制品业		18.99
14	木材加工和木、竹、藤、棕、草制品业		18.81
15	金属制品、机械和设备修理业		18.15
16	农副食品加工业		17.93
17	非金属矿物制品业		17.89
18	汽车制造业		17.08
19	有色金属冶炼和压延加工业		16.78
20	石油、煤炭及其他燃料加工业		16.78
21	印刷和记录媒介复制业		16.75
22	家具制造业		15.04
23	文教、工美、体育和娱乐用品制造业		14.49
24	废弃资源综合利用业		13.87
25	纺织业		11.13
26	造纸和纸制品业		10.66
27	化学纤维制造业		10.18
28	酒、饮料和精制茶制造业		9.91
29	纺织服装、服饰业		8.10
30	皮革、毛皮、羽毛及其制品和制鞋业		7.47

图 6-3　中国制造业科技发展指数（2012 年、2020 年）

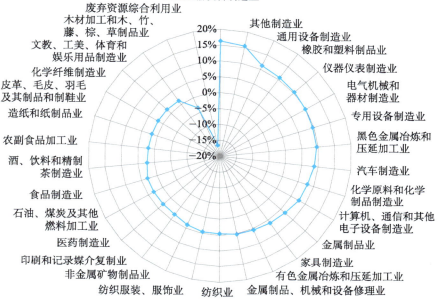

图 6-4 中国制造业科技发展指数年均增速（2012～2020 年）

第三节 经济发展指数

2020 年，中国制造业经济发展指数排名前 10 位的行业分别为"计算机、通信和其他电子设备制造业""酒、饮料和精制茶制造业""医药制造业""文教、工美、体育和娱乐用品制造业""仪器仪表制造业""电气机械和器材制造业""专用设备制造业""家具制造业""铁路、船舶、航空航天和其他运输设备制造业""橡胶和塑料制品业"；其中，与 2012 年相比，"酒、饮料和精制茶制造业""医药制造业"的经济发展指数大幅上升。排名后 10 位的行业分别为"印刷和记录媒介复制业""纺织服装、服饰业""有色金属冶炼和压延加工业""黑色金属冶炼和压延加工业""木材加工和木、竹、藤、棕、草制品业""石油、煤炭及其他燃料加工业""废弃资源综合利用业""化学纤维制造业""农副食品加工业""金属制品、机械和设备修理业";其中,与 2012 年相比,"有色金属冶炼和压延加工业""黑色金属冶炼和压延加工业""石油、煤炭及其他燃料加工业"的经济发展指数有所上升,其他行业经济发展指数都有所下降,"金属制品、机械和设备修理业"的降幅最为显著,如图 6-5 所示。

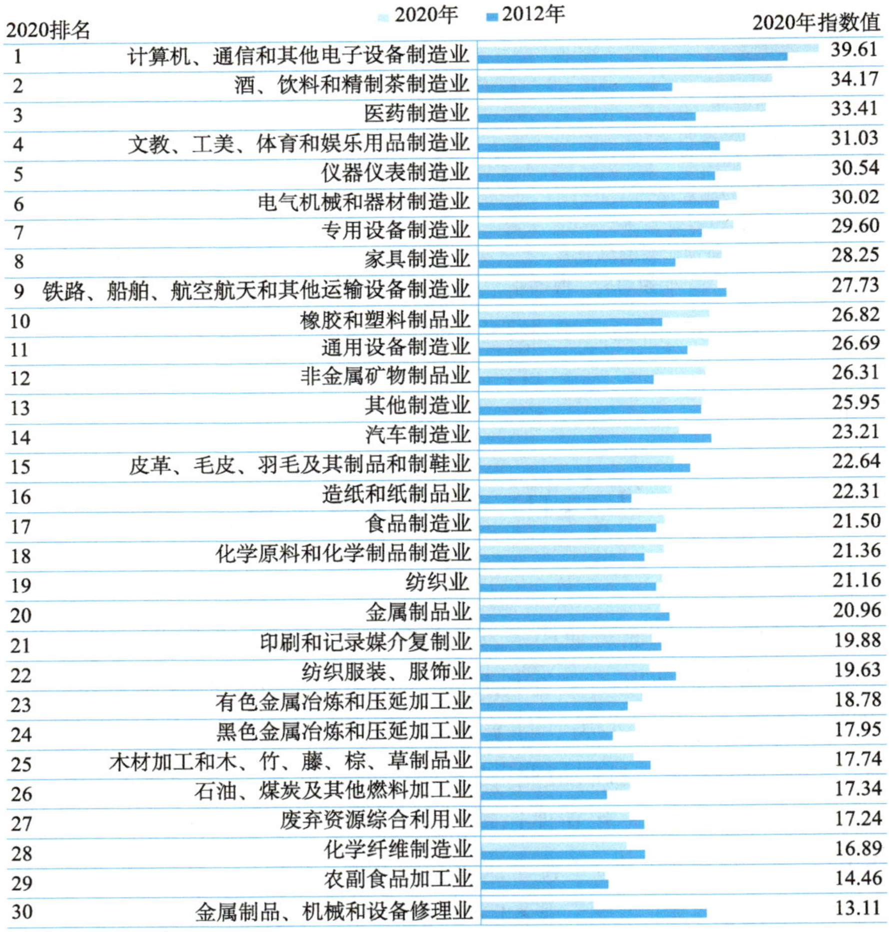

2020排名		■2020年 ■2012年	2020年指数值
1	计算机、通信和其他电子设备制造业		39.61
2	酒、饮料和精制茶制造业		34.17
3	医药制造业		33.41
4	文教、工美、体育和娱乐用品制造业		31.03
5	仪器仪表制造业		30.54
6	电气机械和器材制造业		30.02
7	专用设备制造业		29.60
8	家具制造业		28.25
9	铁路、船舶、航空航天和其他运输设备制造业		27.73
10	橡胶和塑料制品业		26.82
11	通用设备制造业		26.69
12	非金属矿物制品业		26.31
13	其他制造业		25.95
14	汽车制造业		23.21
15	皮革、毛皮、羽毛及其制品和制鞋业		22.64
16	造纸和纸制品业		22.31
17	食品制造业		21.50
18	化学原料和化学制品制造业		21.36
19	纺织业		21.16
20	金属制品业		20.96
21	印刷和记录媒介复制业		19.88
22	纺织服装、服饰业		19.63
23	有色金属冶炼和压延加工业		18.78
24	黑色金属冶炼和压延加工业		17.95
25	木材加工和木、竹、藤、棕、草制品业		17.74
26	石油、煤炭及其他燃料加工业		17.34
27	废弃资源综合利用业		17.24
28	化学纤维制造业		16.89
29	农副食品加工业		14.46
30	金属制品、机械和设备修理业		13.11

图 6-5　中国制造业经济发展指数（2012 年、2020 年）

2012～2020 年，中国制造业经济发展指数年均增速排名前 10 位的行业依次为"酒、饮料和精制茶制造业""医药制造业""非金属矿物制品业""造纸和纸制品业""橡胶和塑料制品业""家具制造业""石油、煤炭及其他燃料加工业""黑色金属冶炼和压延加工业""专用设备制造业""化学原料和化学制品制造业"，其中，"酒、饮料和精制茶制造业""医药制造业""橡胶和塑料制品业""家具制造业""专用设备制造业"的 2020 年经济发展指数排名前 10 位。中国制造业经济发展指数年均增速排名后 10 位的行业中，"铁路、船舶、航空航天和其他运输设备制造业"的 2020 年经济发展指数排名前 10 位，"印刷和记录媒介复制业""废弃资源综合利用业""木材加工和木、竹、藤、棕、草制品业""化学纤维制造业""纺织服装、服饰业""金属制品、机械和设备修理业"的 2020 年经济发展指数排名后 10 位，如图 6-6 所示。

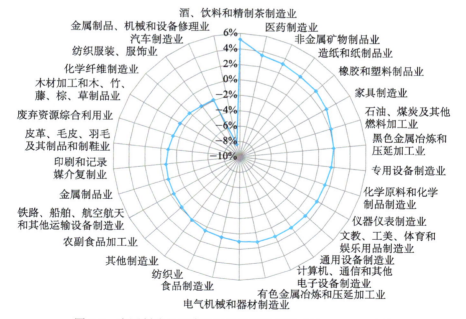

图 6-6　中国制造业经济发展指数年均增速（2012～2020 年）

第四节　环境发展指数

　　2020 年，中国制造业环境发展指数排名前 10 位的行业分别为"仪器仪表制造业""酒、饮料和精制茶制造业""汽车制造业""电气机械和器材制造业""医药制造业""计算机、通信和其他电子设备制造业""专用设备制造业""文教、工美、体育和娱乐用品制造业""家具制造业""皮革、毛皮、羽毛及其制品和制鞋业"；其中，与 2012 年相比，"仪器仪表制造业""酒、饮料和精制茶制造业""医药制造业""专用设备制造业"的环境发展指数增加幅度明显大于其他 6 个行业。排名后 10 位的行业分别为"金属制品业""废弃资源综合利用业""木材加工和木、竹、藤、棕、草制品业""纺织业""化学纤维制造业""有色金属冶炼和压延加工业""其他制造业""黑色金属冶炼和压延加工业""化学原料和化学制品制造业""石油、煤炭及其他燃料加工业"；其中，与 2012 年相比，"黑色金属冶炼和压延加工业"的环境发展指数增加幅度较大，"废弃资源综合利用业""木材加工和木、竹、藤、棕、草制品业"的环境发展指数降幅较为明显，如图 6-7 所示。

　　2012～2020 年，中国制造业环境发展指数年均增速排名前 10 位的行业依次为"石油、煤炭及其他燃料加工业""仪器仪表制造业""黑色金属冶炼和压延加工业""非金属矿物制品业""金属制品、机械和设备修理业""专用设备制造业""医药制造业""造纸和纸制品业""酒、饮料和精制茶制造业""其他制造业"，其中"仪器仪表制造业""专用设备制造业""医药制造业""酒、饮料和精制茶制造业"的 2020 年环境发展指数排名前 10 位。中国制造业环境发展指数年均增速排名后 10 位的行业中，"文教、工美、体育和娱乐用品制造业""皮革、毛皮、羽毛及其制品和制鞋业""家具制造业"的 2020 年环境发展指数排名前 10 位，"金属制品业""化学纤维制造业""纺织业""木材加工和木、竹、藤、棕、草制品业""废弃资源综合利用业"的 2020 年环境发展指数排名后 10 位，如图 6-8 所示。

2020年排名		2020年指数值
1	仪器仪表制造业	60.68
2	酒、饮料和精制茶制造业	21.61
3	汽车制造业	20.44
4	电气机械和器材制造业	19.00
5	医药制造业	18.84
6	计算机、通信和其他电子设备制造业	18.63
7	专用设备制造业	17.38
8	文教、工美、体育和娱乐用品制造业	12.07
9	家具制造业	10.43
10	皮革、毛皮、羽毛及其制品和制鞋业	9.62
11	铁路、船舶、航空航天和其他运输设备制造业	9.08
12	金属制品、机械和设备修理业	8.61
13	通用设备制造业	8.48
14	食品制造业	8.19
15	印刷和记录媒介复制业	6.99
16	纺织服装、服饰业	6.65
17	农副食品加工业	3.65
18	橡胶和塑料制品业	3.23
19	造纸和纸制品业	2.36
20	非金属矿物制品业	2.22
21	金属制品业	2.22
22	废弃资源综合利用业	2.13
23	木材加工和木、竹、藤、棕、草制品业	1.81
24	纺织业	1.25
25	化学纤维制造业	1.22
26	有色金属冶炼和压延加工业	1.01
27	其他制造业	0.93
28	黑色金属冶炼和压延加工业	0.82
29	化学原料和化学制品制造业	0.69
30	石油、煤炭及其他燃料加工业	0.49

（图例：2020年　2012年）

图 6-7　中国制造业环境发展指数（2012 年、2020 年）

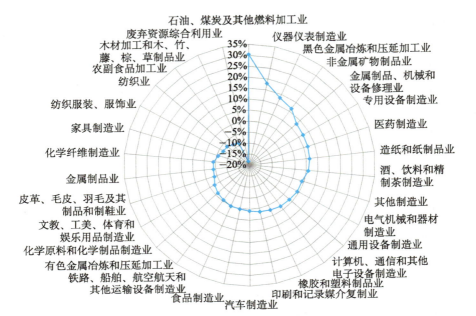

图 6-8　中国制造业环境发展指数年均增速（2012～2020 年）

第七章

中国制造业创新激励指数演进

第一节　中国制造业创新激励指数

本书构建了制造业创新激励指数，采用研究开发费用加计扣除减免税、高新技术企业减免税、R&D 经费内部支出中政府资金等 3 个指标表征，三项指标的权重分别为 0.35、0.35 和 0.30。其中，研究开发费用加计扣除减免税的政策引导企业开展研究开发活动，高新技术企业减免税的政策注重对科技型企业特别是中小企业的扶持，R&D 经费内部支出中政府资金反映了培育新技术、新业态的政府导向。创新激励指数表征了以下三个方面：一是国家对创新的激励政策的影响，二是制造业本身的创新能力所决定的享受国家激励政策的情况，三是产业研发的政府导向。

2020 年，中国制造业创新激励指数排名前 10 位的行业依次为"计算机、通信和其他电子设备制造业""电气机械和器材制造业""医药制造业""汽车制造业""铁路、船舶、航空航天和其他运输设备制造业""专用设备制造业""通用设备制造业""化学原料和化学制品制造业""黑色金属冶炼和压延加工业""非金属矿物制品业"；其中，与2012 年相比，"计算机、通信和其他电子设备制造业""电气机械和器材制造业""医药制造业""专用设备制造业""化学原料和化学制品制造业"的创新激励指数上升幅度较大。制品业创新激励指数排名前 10 位的行业中，有 8 个行业 2020 年创新能力指数排名前 10 位，创新激励政策对产业的创新能力起到促进作用。

2020 年，中国制造业创新激励指数排名后 10 位的行业依次为"印刷和记录媒介复制业""化学纤维制造业""文教、工美、体育和娱乐用品制造业""其他制造业""酒、饮料和精制茶制造业""纺织服装、服饰业""木材加工和木、竹、藤、棕、草制品业""皮革、毛皮、羽毛及其制品和制鞋业""金属制品、机械和设备修理业""废弃资源综合利用业"；其中，与 2012 年相比，各行业的创新激励指数均呈上升态势，如图 7-1 所示。制造业创新激励指数排名后 10 位的行业中，有 6 个行业的 2020 年创新能力指数排名后 10 位。对于创新激励政策力度小的产业，其创新能力也较为薄弱。

2012～2020 年，中国制造业创新激励指数年均增速排名前 10 位的行业为"金属制品、机械和设备修理业""石油、煤炭及其他燃料加工业""计算机、通信和其他电子设备制造业""造纸和纸制品业""文教、工美、体育和娱乐用品制造业""家具制造业""非金属矿物制品业""其他制造业""黑色金属冶炼和压延加工业""橡胶和塑料制品业"。其中，"计算机、通信和其他电子设备制造业""非金属矿物制品业""黑色金属冶炼和压延加工业"3 个行业的 2020 年创新激励指数排名前 10 位。

2012～2020 年，中国制造业创新激励指数年均增速排名后 10 位的行业为"纺织服装、服饰业""废弃资源综合利用业""食品制造业""印刷和记录媒介复制业""有色金属冶炼和压延加工业""汽车制造业""通用设备制造业""化学纤维制造业""铁路、船舶、航空航天和其他运输设备制造业""酒、饮料和精制茶制造业"。创新激励指数年均增速排名后 10 位的行业中，"汽车制造业""通用设备制造业""铁路、船舶、航空航天和其他运输设备制造业"的 2020 年创新激励指数排名前 10 位，"纺织服装、服饰业""废弃资源综合利用业""印刷和记录媒介复制业""化学纤维制造业""酒、饮料和精制茶制造业"的 2020 年创新激励指数排名后 10 位，如图 7-2 所示。

2020年排名		2020年指数值
1	计算机、通信和其他电子设备制造业	69.49
2	电气机械和器材制造业	36.38
3	医药制造业	28.30
4	汽车制造业	24.75
5	铁路、船舶、航空航天和其他运输设备制造业	23.01
6	专用设备制造业	22.18
7	通用设备制造业	18.61
8	化学原料和化学制品制造业	16.70
9	黑色金属冶炼和压延加工业	11.15
10	非金属矿物制品业	8.65
11	金属制品业	8.17
12	有色金属冶炼和压延加工业	6.91
13	橡胶和塑料制品业	6.61
14	仪器仪表制造业	6.46
15	造纸和纸制品业	3.73
16	食品制造业	3.38
17	纺织业	3.05
18	农副食品加工业	1.66
19	石油、煤炭及其他燃料加工业	1.64
20	家具制造业	1.62
21	印刷和记录媒介复制业	1.53
22	化学纤维制造业	1.40
23	文教、工美、体育和娱乐用品制造业	1.35
24	其他制造业	1.19
25	酒、饮料和精制茶制造业	1.04
26	纺织服装、服饰业	1.01
27	木材加工和木、竹、藤、棕、草制品业	0.58
28	皮革、毛皮、羽毛及其制品和制鞋业	0.57
29	金属制品、机械和设备修理业	0.42
30	废弃资源综合利用业	0.18

图例：■ 2020年　■ 2012年

图 7-1　中国制造业创新激励指数（2012 年、2020 年）

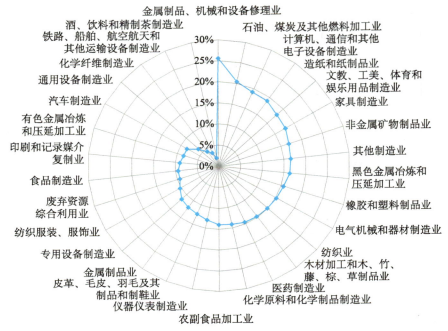

图 7-2　中国制造业创新激励指数年均增速（2012～2020 年）

第二节　中国制造业创新激励指数解析

一、中国制造业研发费用加计扣除减免税

　　中国制造业创新激励指数的改善得益于政府财税政策支持力度的加大。2020 年，中国制造业研发费用加计扣除减免税金额排名前 10 位的行业依次为"计算机、通信和其他电子设备制造业""电气机械和器材制造业""汽车制造业""医药制造业""专用设备制造业""通用设备制造业""化学原料和化学制品制造业""黑色金属冶炼和压延加工业""铁路、船舶、航空航天和其他运输设备制造业""非金属矿物制品业"。其中，有 8 个行业的 2020 年 R&D 经费内部支出排名前 10 位。由此可见，

一方面，研发费用加计扣除减免税金额的规模取决于产业当年 R&D 经费内部支出；另一方面，技术密集、创新活力强的产业注重研发投入，相应地，享受研发费用加计扣除政策的力度大。

2020 年，中国制造业研发费用加计扣除减免税金额排名后 10 位的行业是"农副食品加工业""家具制造业""纺织服装、服饰业""印刷和记录媒介复制业""其他制造业""酒、饮料和精制茶制造业""皮革、毛皮、羽毛及其制品和制鞋业""金属制品、机械和设备修理业""木材加工和木、竹、藤、棕、草制品业""废弃资源综合利用业"。其中，有 8 个行业的 2020 年 R&D 经费内部支出排名后 10 位。由此可见，由于传统产业 R&D 经费内部支出相对较少，其所享受的研究开发费用加计扣除政策力度小（图 7-3）。

2012～2020 年，中国制造业研发费用加计扣除减免税金额年均增速排名前 10 位的行业依次为"废弃资源综合利用业""金属制品、机械和设备修理业""印刷和记录媒介复制业""非金属矿物制品业""计算机、通信和其他电子设备制造业""农副食品加工业""造纸和纸制品业""其他制造业""文教、工美、体育和娱乐用品制造业""医药制造业"，如图 7-4 所示。其中，"非金属矿物制品业""计算机、通信和其他电子设备制造业""医药制造业"的 2020 年研发费用加计扣除减免税金额排名前 10 位。上述产业享受的研发费用加计扣除政策力度大、增速快，研发费用加计扣除政策切实发挥了引导作用。

2012～2020 年，中国制造业研发费用加计扣除减免税金额年均增速排名后 10 位的行业是"仪器仪表制造业""化学原料和化学制品制造业""专用设备制造业""木材加工和木、竹、藤、棕、草制品业""铁路、船舶、航空航天和其他运输设备制造业""通用设备制造业""家具制造业""酒、饮料和精制茶制造业""汽车制造业""黑色金属冶炼和压延加工业"。其中，"木材加工和木、竹、藤、棕、草制品业""家具制造业""酒、饮料和精制茶制造业"的 2020 年研发费用加计扣除减免税金额排名后 10 位。上述产业享受的研究开发费用加计扣除政策力度小、增速慢，研发费用加计扣除政策作用影响较弱。

2020年排名		2020年 ■ 2012年	2020年金额/万元
1	计算机、通信和其他电子设备制造业		3 058 779
2	电气机械和器材制造业		1 189 769
3	汽车制造业		1 164 266
4	医药制造业		835 241
5	专用设备制造业		652 446
6	通用设备制造业		627 528
7	化学原料和化学制品制造业		531 047
8	黑色金属冶炼和压延加工业		453 895
9	铁路、船舶、航空航天和其他运输设备制造业		354 502
10	非金属矿物制品业		319 025
11	金属制品业		289 327
12	有色金属冶炼和压延加工业		263 928
13	橡胶和塑料制品业		250 635
14	仪器仪表制造业		208 383
15	纺织业		135 676
16	食品制造业		110 153
17	造纸和纸制品业		100 968
18	石油、煤炭及其他燃料加工业		88 334
19	化学纤维制造业		78 092
20	文教、工美、体育和娱乐用品制造业		72 919
21	农副食品加工业		70 661
22	家具制造业		70 054
23	纺织服装、服饰业		57 490
24	印刷和记录媒介复制业		55 162
25	其他制造业		45 441
26	酒、饮料和精制茶制造业		43 469
27	皮革、毛皮、羽毛及其制品和制鞋业		24 338
28	金属制品、机械和设备修理业		23 735
29	木材加工和木、竹、藤、棕、草制品业		23 168
30	废弃资源综合利用业		9 404

图 7-3　中国制造业研发费用加计扣除减免税金额（2012 年、2020 年）

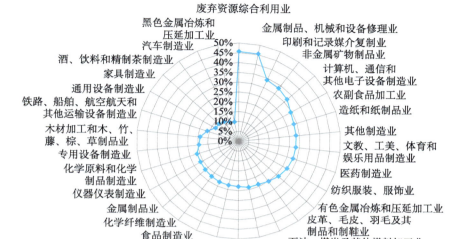

图 7-4　中国制造业研发费用加计扣除减免税金额年均增速（2012～2020 年）

总体而言，2012～2020 年，本书所研究的中国制造业中 30 个行业的研发费用加计扣除减免税金额均呈现增长态势，其中有 22 个行业的年均增速达 20% 以上，"废弃资源综合利用业""金属制品、机械和设备修理业"的年均增速较高，分别为 45.51%、45.33%。

二、中国制造业高新技术企业减免税

2020 年，中国制造业高新技术企业减免税金额排名前 10 位的行业依次为"电气机械和器材制造业""计算机、通信和其他电子设备制造业""医药制造业""汽车制造业""专用设备制造业""化学原料和化学制品制造业""通用设备制造业""黑色金属冶炼和压延加工业""非金属矿物制品业""铁路、船舶、航空航天和其他运输设备制造业"，如图 7-5 所示。其中，"医药制造业""专用设备制造业""通用设备制造业""电气机械和器材制造业""计算机、通信和其他电子设备制造业"的 2020 年 R&D 经费内部支出占主营业务收入比例排前 10 位。由此可见，研发强度高的产业大多为高技术产业，相应地，享受到的高新技术企业减免税政策力度更大。

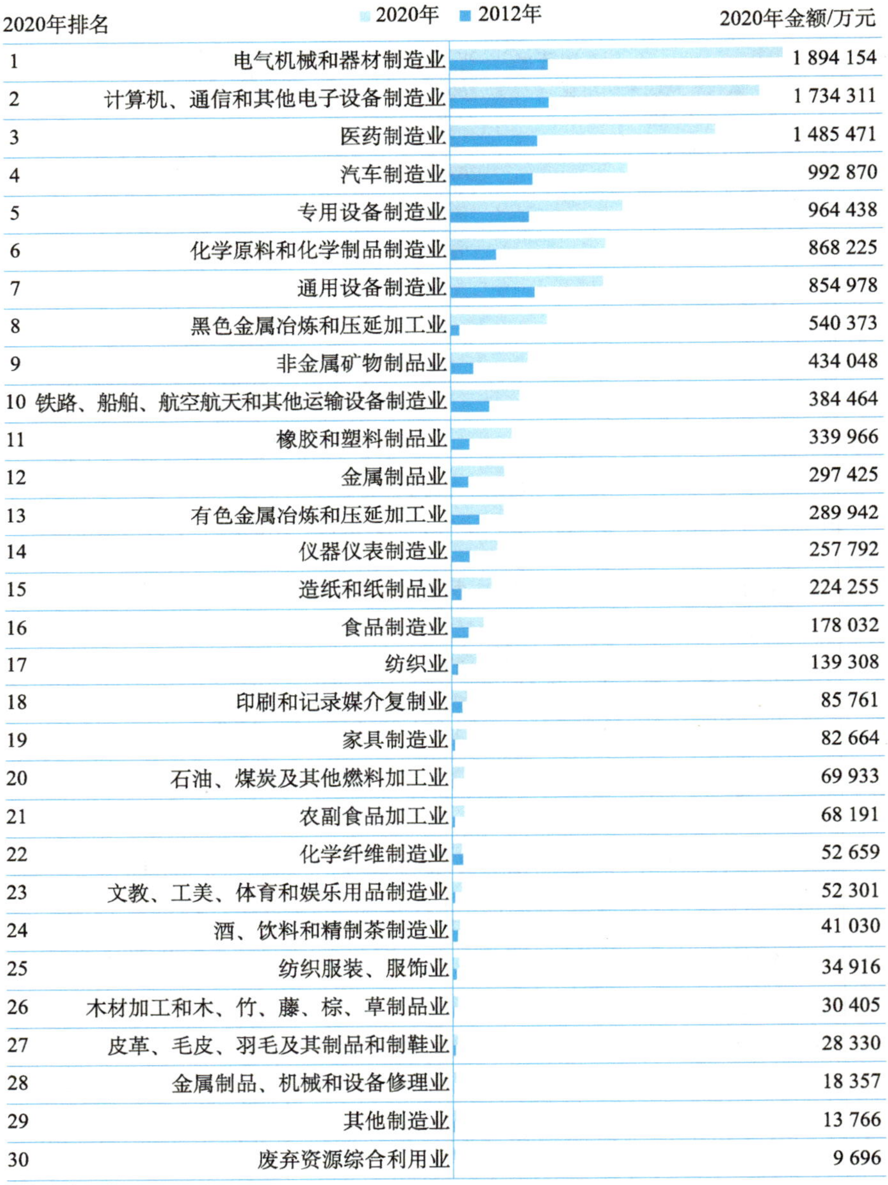

2020年排名		2020年 2012年	2020年金额/万元
1	电气机械和器材制造业		1 894 154
2	计算机、通信和其他电子设备制造业		1 734 311
3	医药制造业		1 485 471
4	汽车制造业		992 870
5	专用设备制造业		964 438
6	化学原料和化学制品制造业		868 225
7	通用设备制造业		854 978
8	黑色金属冶炼和压延加工业		540 373
9	非金属矿物制品业		434 048
10	铁路、船舶、航空航天和其他运输设备制造业		384 464
11	橡胶和塑料制品业		339 966
12	金属制品业		297 425
13	有色金属冶炼和压延加工业		289 942
14	仪器仪表制造业		257 792
15	造纸和纸制品业		224 255
16	食品制造业		178 032
17	纺织业		139 308
18	印刷和记录媒介复制业		85 761
19	家具制造业		82 664
20	石油、煤炭及其他燃料加工业		69 933
21	农副食品加工业		68 191
22	化学纤维制造业		52 659
23	文教、工美、体育和娱乐用品制造业		52 301
24	酒、饮料和精制茶制造业		41 030
25	纺织服装、服饰业		34 916
26	木材加工和木、竹、藤、棕、草制品业		30 405
27	皮革、毛皮、羽毛及其制品和制鞋业		28 330
28	金属制品、机械和设备修理业		18 357
29	其他制造业		13 766
30	废弃资源综合利用业		9 696

图 7-5　中国制造业高新技术企业减免税金额（2012 年、2020 年）

2020 年，中国制造业高新技术企业减免税金额排名后 10 位的行业是"农副食品加工业""化学纤维制造业""文教、工美、体育和娱乐用品制造业""酒、饮料和精制茶制造业""纺织服装、服饰业""木材加工和木、竹、藤、棕、草制品业""皮革、毛皮、羽毛及其制品和制鞋业""金属制品、机械和设备修理业""其他制造业""废弃资源综合利用业"。其中，有 6 个行业的 2020 年 R&D 经费内部支出占主营业务收入比例排名后 10 位。由此可见，研发强度低的产业大多为传统产业，相应地，享受高新技术企业减免税政策的力度小。

2012～2020 年，中国制造业高新技术企业减免税金额年均增速排名前 10 位的行业依次为"石油、煤炭及其他燃料加工业""黑色金属冶炼和压延加工业""家具制造业""农副食品加工业""金属制品、机械和设备修理业""木材加工和木、竹、藤、棕、草制品业""废弃资源综合利用业""纺织业""造纸和纸制品业""文教、工美、体育和娱乐用品制造业"，如图 7-6 所示。其中，"黑色金属冶炼和压延加工业"的 2020 年高新技术企业减免税金额排名前 10 位。上述产业享受高新技术企业减免税政策力度大，减免税政策切实发挥了对产业的引导和促进作用。

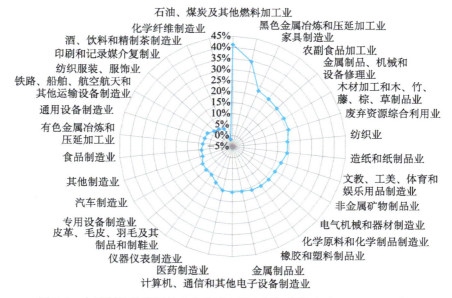

图 7-6　中国制造业高新技术企业减免税金额年均增速（2012～2020 年）

2012～2020 年，中国制造业高新技术企业减免税金额年均增速排名后 10 位的行业是"汽车制造业""其他制造业""食品制造业""有色金属冶炼和压延加工业""通用设备制造业""铁路、船舶、航空航天和其他运输设备制造业""纺织服装、服饰业""印刷和记录媒介复制业""酒、饮料和精制茶制造业""化学纤维制造业"。其中，"其他制造业""纺织服装、服饰业""酒、饮料和精制茶制造业""化学纤维制造业"的 2020 年高新技术企业减免税金额排名后 10 位。上述产业享受高新技术企业减免税政策力度小、增速慢，减免税政策作用较为薄弱。

总体而言，2012～2020 年，有 29 个行业的高新技术企业减免税金额呈现增长态势，其中有 21 个行业的年均增速达 10% 以上，"石油、煤炭及其他燃料加工业""黑色金属冶炼和压延加工业"的年均增速较高，分别为 41.50%、34.75%。

三、中国制造业 R&D 经费内部支出中政府资金

2020 年，中国制造业 R&D 经费内部支出中政府资金排名前 10 位的行业依次为"计算机、通信和其他电子设备制造业""铁路、船舶、航空航天和其他运输设备制造业""专用设备制造业""医药制造业""电气机械和器材制造业""通用设备制造业""汽车制造业""金属制品业""仪器仪表制造业""化学原料和化学制品制造业"。排名后 10 位的行业是"造纸和纸制品业""化学纤维制造业""文教、工美、体育和娱乐用品制造业""石油、煤炭及其他燃料加工业""皮革、毛皮、羽毛及其制品和制鞋业""木材加工和木、竹、藤、棕、草制品业""家具制造业""印刷和记录媒介复制业""金属制品、机械和设备修理业""废弃资源综合利用业"，如图 7-7 所示。

■2020年 ■2012年

2020年排名		2020年金额/万元
1	计算机、通信和其他电子设备制造业	1 206 535
2	铁路、船舶、航空航天和其他运输设备制造业	838 320
3	专用设备制造业	256 459
4	医药制造业	151 336
5	电气机械和器材制造业	150 274
6	通用设备制造业	146 839
7	汽车制造业	139 111
8	金属制品业	112 306
9	仪器仪表制造业	82 878
10	化学原料和化学制品制造业	78 068
11	有色金属冶炼和压延加工业	60 023
12	其他制造业	36 408
13	黑色金属冶炼和压延加工业	32 780
14	非金属矿物制品业	31 142
15	橡胶和塑料制品业	15 342
16	食品制造业	14 195
17	农副食品加工业	13 307
18	纺织业	10 712
19	酒、饮料和精制茶制造业	10 513
20	纺织服装、服饰业	6 403
21	造纸和纸制品业	5 815
22	化学纤维制造业	5 695
23	文教、工美、体育和娱乐用品制造业	5 595
24	石油、煤炭及其他燃料加工业	2 721
25	皮革、毛皮、羽毛及其制品和制鞋业	1 920
26	木材加工和木、竹、藤、棕、草制品业	1 518
27	家具制造业	1 477
28	印刷和记录媒介复制业	1 242
29	金属制品、机械和设备修理业	766
30	废弃资源综合利用业	256

图 7-7　中国制造业 R&D 经费内部支出中政府资金（2012 年、2020 年）

其中，"计算机、通信和其他电子设备制造业""铁路、船舶、航空航天和其他运输设备制造业"的 R&D 经费内部支出中政府资金较多，属于政府重点支持的产业领域。在中国制造业转型升级的阶段，政府在产业政策布局时更加注重制造业数字化、网络化、智能化和绿色化的发展。例如，在"十三五"规划的基础上，"十四五"规划聚焦人工智能、量子信息、集成电路、生命健康、脑科学、生物育种、空天科技、深地深海等前沿领域，对国家重大科技项目调整战略规划，集中优势资源进行领域关键核心技术研发。2020 年，《工业和信息化部关于工业大数据发展的指导意见》发布，明确多措并举创新和强化工业数据安全防护，筑好筑牢发展的底线和防线，同时推动工业数据全面采集，支持工业企业实施设备数字化改造。2020 年，国务院发布《国务院关于印发新时期促进集成电路产业和软件产业高质量发展若干政策的通知》，进一步优化集成电路产业和软件产业发展环境，提升产业创新能力和发展质量，鼓励集成电路产业和软件产业的发展。

2021 年，工业和信息化部发布《工业互联网创新发展行动计划（2021—2023 年）》，深入实施工业互联网创新发展战略，推动工业化和信息化在更广范围、更深程度、更高水平上融合发展。《国务院关于印发新时期促进集成电路产业和软件产业高质量发展若干政策的通知》和《关于做好 2022 年享受税收优惠政策的集成电路企业或项目、软件企业清单制定工作有关要求的通知》聚焦高端芯片、集成电路装备和工艺技术、集成电路关键材料、集成电路设计工具、基础软件、工业软件、应用软件的关键核心技术攻关，加大对本土集成电路产业的支持，使集成电路产业迎来政策发展新机遇。《"十四五"数字经济发展规划》和《"十四五"国家信息化规划》，提出推进数字产业化和产业数字化，强化关键产品自给保障能力，深入实施数字经济发展战略。

2012～2020 年，中国制造业 R&D 经费内部支出中政府资金年均增速排名前 10 位的行业依次为"计算机、通信和其他电子设备制造业""其他制造业""专用设备制造业""仪器仪表制造业""金属制品业""铁路、船舶、航空航天和其他运输设备制造业""医药制造业""电气机械和器材制造业""汽车制造业""非金属矿物制品业"，如图 7-8 所示。其中，"计算机、通信和其他电子设备制造业""专用设备制造业""仪器仪表制造业""金属制品业""铁路、船舶、航空航天和其他运输设备制造业""医药制造业""电气机械和器材制造业""汽车制造业"的 2020 年 R&D 经费内部支出中政府资金排名前 10 位。上述产业的 R&D 经费内部支出中政府资金支持力度大、增速快，政府资金切实发挥了对产业的促进作用。

2012～2020 年，中国制造业 R&D 经费内部支出中政府资金年均增速排名后 10 位的行业是"农副食品加工业""皮革、毛皮、羽毛及其制品和制鞋业""家具制造业""印刷和记录媒介复制业""酒、饮料和精制茶制造业""纺织业""金属制品、机械和设备修理业""木材加工和木、竹、藤、棕、草制品业""石油、煤炭及其他燃料加工业""废弃资源综合利用业"。其中，"皮革、毛皮、羽毛及其制品和制鞋业""家具制造业""印刷和记录媒介复制业""金属制品、机械和设备修理业""木材加工和木、竹、藤、棕、草制品业""石油、煤炭及其他燃料加工业""废弃资源综合利用业"的 2020 年 R&D 经费内部支出中政府资金排名后 10 位。上述产业 R&D 经费内部支出中，政府资金支持力度小、增速慢，政府资金对产业的支持作用小。

总体而言，2012～2020 年，有 7 个行业的 R&D 经费内部支出中政府资金呈现增长态势，其中"计算机、通信和其他电子设备制造业""其他制造业""专用设备制造业""仪器仪表制造业"4 个行业的年均增速达 5% 以上，分别为 14.69%、13.86%、8.01%、7.57%。

值得注意的是，与 2012 年相比，2020 年"金属制品、机械和设备修理业""木材加工和木、竹、藤、棕、草制品业""石油、煤炭及其他燃料加工业""废弃资源综合利用业"的 R&D 经费内部支出中政府资金呈现明显的下降趋势，年均增速均达 -10% 以下。

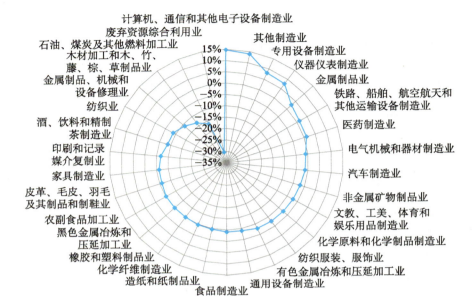

图 7-8　中国制造业 R&D 经费内部支出中政府资金年均增速（2012～2020 年）

第八章
中国重点行业创新发展绩效与激励政策演进

第一节　计算机、通信和其他电子设备制造业

一、创新能力指数演进

中国"计算机、通信和其他电子设备制造业"创新能力指数呈现大幅上升态势。2012～2020 年，该行业创新能力指数由 29.17 提高到 52.27，年均增速为 7.56%；创新实力指数由 32.02 提高到 69.81，年均增速为 10.23%；创新效力指数由 26.33 提高到 34.74，年均增速为 3.53%，如图 8-1 所示。2020 年，该行业 R&D 人员全时当量为 507 748 人年，R&D 经费内部支出为 2470.48 亿元，发明专利申请量为 103 257 件，新产品销售收入为 46 048.11 亿元。

2012～2020 年，中国"计算机、通信和其他电子设备制造业"创新实力指数上升速度较快，这主要得益于创新产出实力指数、创新影响实力指数的大幅度提升，年均增速分别为 11.21%、11.17%。与之相比，创新投入实力指数、创新条件实力指数上升幅度略小，年均增速分别为 7.72%、10.02%，如图 8-2 所示。在创新投入实力方面，2020 年 R&D 人员全时当量和 R&D 经费内部支出分别是 2012 年的 1.49 倍和 2.55 倍。在创新条件实力方面，2012～2020 年，企业办研发机构仪器和设备原价由 421.15 亿元增加到 1105.56 亿元，企业办研发机构数

由 2434 个增加到 3698 个，发明专利拥有量由 76 242 件增加到 340 037 件，企业办研发机构人员数由 360 123 人增加到 625 173 人。在创新产出实力方面，2012～2020 年，发明专利申请量由 42 222 件增加到 103 257 件，实用新型和外观设计专利申请量由 26 510 件增加到 57 754 件。在创新影响实力方面，2020 年，专利所有权转让及许可收入达到 8.53 亿元，利润总额达到 5406.33 亿元，新产品出口达到 21 433.68 亿元，新产品销售收入达到 46 048.11 亿元，分别是 2012 年的 2.70 倍、1.93 倍、2.06 倍和 2.47 倍。

图 8-1　中国"计算机、通信和其他电子设备制造业"创新能力演进

图 8-2　中国"计算机、通信和其他电子设备制造业"创新实力演进

值得关注的是，2012～2020 年，中国"计算机、通信和其他电子设备制造业"在技术消化吸收上的投入波动性较大，消化吸收经费在 2014 年达到 6.70 亿元，在 2017 年下降到 1.08 亿元，在 2019 年上升到 6.01 亿元，在 2020 年又下降到 1.04 亿元，2020 年的值仅为 2010年该行业在技术消化吸收上投入的 38%。此外，该行业专利价值出现了波动性上升，专利所有权转让及许可收入由 2012 年的 3.16 亿元上升到 2014 年的 11.56 亿元，后下降至 2016 年的 2.48 亿元，随后在2017～2020 年稳定在 8.53 亿元。

2012～2020 年，中国"计算机、通信和其他电子设备制造业"创新效力指数整体提升较快，这主要得益于创新条件效力指数的快速提升。2012～2020 年，创新条件效力指数年均增速为 10.41%，与之相比，创新投入效力指数、创新产出效力指数、创新影响效力指数上升幅度较小，年均增速分别为 6.21%、2.55%、1.51%，如图 8-3 所示。在创新投入效力方面，2020 年，R&D 人员全时当量占从业人员比例达到 6.84%，R&D 经费内部支出占主营业务收入比例达到 2.36%，有R&D 活动的企业占全部企业比例达到 70.48%，分别是 2012 年的 1.52倍、1.53 倍和 1.65 倍。在创新条件效力方面，2012～2020 年，单位企业办研发机构数对应的企业办研发机构仪器和设备原价由 1730.27 万元 / 个上升至 2989.61 万元 / 个，单位企业办研发机构人员数对应的企业办研发机构仪器和设备原价由 11.69 万元 / 人增加到 17.68 万元 /人，企均有效发明专利数由 16.35 件增加到 71.84 件，设立研发机构的企业占全部企业的比例由 39.30% 增加到 58.06%。在创新产出效力方面，2012～2020 年，每万名 R&D 人员全时当量发明专利申请数由1235.47 件增加到 2033.63 件，每万名 R&D 人员全时当量实用新型和外观设计专利申请量由 775.72 件增加到 1137.45 件。在创新影响效力方面，2020 年，单位能耗对应的利润总额达到 10 752.45 万元 / 万吨标准煤，单位从业人员利润达到 7.28 万元 / 人，新产品开发支出与新产品销售收入比例达到 7.50%，新产品销售收入占主营业务收入比例达到43.94%，分别是 2012 年的 1.02 倍、1.98 倍、1.13 倍和 1.48 倍。

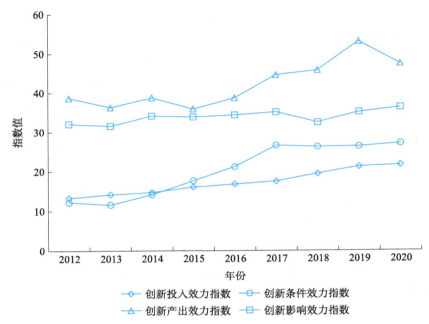

图 8-3　中国 "计算机、通信和其他电子设备制造业" 创新效力演进

值得注意的是，2012～2020 年，中国 "计算机、通信和其他电子设备制造业" 部分创新效力指数相关指标呈现下降态势。主要原因有以下几方面。一是该行业对技术消化吸收重视不足。2012～2020 年，消化吸收经费与技术引进经费比例下降幅度较大，由 4.96% 下降至 0.65%。二是单位经费的专利申请量下降幅度较大。2012～2020 年，每亿元 R&D 经费发明专利申请量由 43.60 件下降到 41.80 件，每亿元 R&D 经费实用新型和外观设计专利申请量由 27.38 件下降到 23.38 件。三是部分同利润及销售收入相关的指标波动明显或者基本持平。2012～2020 年，新产品出口与新产品销售收入比例由 55.67% 波动下降到 46.55%，单位能耗对应的利润总额从 2012 年的 10 491.38 万元 / 万吨标准煤增加到 2017 年的 13 730.86 万元 / 万吨标准煤后，又下降到 2018 年的 9019.88 万元 / 万吨标准煤，随后上升到 2020 年的 10 752.45 万元 / 万吨标准煤。

与国际领先水平相比，中国"计算机、通信和其他电子设备制造业"的创新实力还有一定差距。从 2022 年《财富》世界 500 强企业来看，"计算机、通信和其他电子设备制造业"营业收入前十位的企业中，中国有 2 家大陆企业（华为技术有限公司和联想集团）和 3 家台湾地区企业（仁宝电脑工业股份有限公司、广达电脑股份有限公司、纬创资通股份有限公司）。在创新实力方面，苹果公司、英特尔公司和佳能公司在 2020 年的 R&D 经费内部支出分别为 1359.99 亿元、983.15 亿元和 133.91 亿元，而中国"计算机、通信和其他电子设备制造业"整个行业的 R&D 经费内部支出仅为 2470.48 亿元。美国商业专利数据库数据显示①，2020 年美国专利申请中，佳能公司共 3225 件、英特尔公司共 2867 件，苹果公司共 2791 件，分别居于第 3 位、第 5 位和第 8 位，而华为技术有限公司共 2761 件，居于第 9 位。与国际领先企业相比，中国企业的创新实力差距正逐渐减小，虽自身发展速度比较可观，但仍有待进一步提高。

在创新效力方面，从 R&D 经费内部支出占主营业务收入比例和单位从业人员利润两个指标来看，中国"计算机、通信和其他电子设备制造业"与国际知名企业相比，整体仍存在较大差距。2020 年，苹果公司、英特尔公司和佳能公司的 R&D 经费内部支出占主营业务收入比例分别为 28.29%、57.25% 和 10.94%，而中国"计算机、通信和其他电子设备制造业"的 R&D 经费内部支出占主营业务收入比例仅为 2.36%。2020 年，苹果公司、英特尔公司和佳能公司的单位从业人员利润分别是 607.98 万元 / 人、285.97 万元 / 人和 37.20 万元 / 人，而中国"计算机、通信和其他电子设备制造业"的单位从业人员利润仅为 7.28 万元 / 人。②

---

① IFI Claims. 2020 Top 50 US Patent Assignees. https://www.ificlaims.com/rankings-top-50-2020.htm.

② 资料来源：企业年报、《财富》中文网及其他公开资料。汇率根据中国人民银行 2020 年 12 月公布的数据折算。

二、创新发展指数演进

中国"计算机、通信和其他电子设备制造业"创新发展指数呈现大幅上升态势。2012～2020 年，该行业创新发展指数由 25.94 提高到 37.13，年均增速达到 4.58%。其中，2013 年、2014 年和 2016 年创新发展指数增长较为明显，分别同比增长 7.02%、7.75% 和 8.76%，如图 8-4 所示。

图 8-4 中国"计算机、通信和其他电子设备制造业"创新发展
指数及其增长率演进

2012～2020 年，中国"计算机、通信和其他电子设备制造业"创新发展指数上升速度较快，这主要得益于科技发展指数的大幅度提升，科技发展指数年均增速为 7.84%。与之相比，经济发展指数和环境发展指数上升幅度略小，年均增速分别为 1.20%[①] 和 3.06%，如图 8-5 所示。在科技发展方面，2020 年，企业办研发机构人员数对应的有效发明专利数、单位主营业务收入发明专利申请数和单位主营业务收入实用新型和外观设计专利申请数分别是 2012 年的 2.57 倍、1.47 倍和 1.40

---

① 因四舍五入原因，计算所得数值有时与实际数值有些微出入，特此说明。下同。

倍。在经济发展方面，2012～2020 年，利润总额与主营业务收入比例由 4.45% 上升到 5.16%，单位从业人员主营业务收入由 82.45 万元 / 人增加到 141.17 万元 / 人，新产品（仅国际市场的新产品）销售收入占主营业务收入的比重从 9.10% 上升到 12.00%。在环境发展方面，2020 年，单位能耗对应的利润总额、单位氨氮排放量对应的利润总额和单位二氧化硫排放量对应的利润总额分别为 2012 年的 1.02 倍、3.34 倍和 10.17 倍，其中，单位二氧化硫排放量对应的利润总额在 2020 年实现突破性增长，从 2019 年的 13 883.60 万元 / 吨剧增至 2020 年的 84 871.74 万元 / 吨，增长率达到 511.31%。

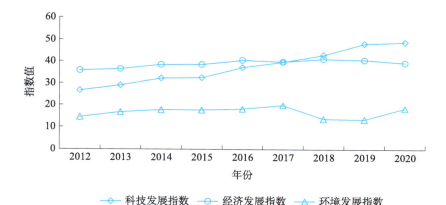

图 8-5　中国"计算机、通信和其他电子设备制造业"创新发展
指数具体指标演进

值得关注的是，2012～2020 年，中国"计算机、通信和其他电子设备制造业"部分创新发展指数的相关指标波动较大。2012～2020 年，企业办研发机构人员数中博士占比从 2012 年的 1.13% 逐步上升到 2016 年的 1.41%，自 2017 年维持在 1.30% 左右。在实现产品创新企业中有国际市场新产品的企业占比下降趋势明显，从 2012 年的 33.10% 上升至 2016 年的 35.40% 后，逐年下降至 2020 年的 28.10%。

三、创新激励指数演进

2012～2020 年，中国"计算机、通信和其他电子设备制造业"创新激励指数提升较为明显。2012～2020 年，该行业创新激励指数由 17.03 上升至 69.49，年均增速达到 19.22%。其中，2018 年、2019 年创新激励指数增长较为明显，分别同比增长 33.36%、36.62%，如图 8-6 所示。2012～2020 年，研究开发费用加计扣除减免税由 33.48 亿元上升至 305.88 亿元，高新技术企业减免税由 55.31 亿元上升至 173.43 亿元，R&D 经费内部支出中政府资金由 40.31 亿元上升至 120.65 亿元。2020 年的上述指标分别是 2012 年的 9.14 倍、3.14 倍和 2.99 倍，如图 8-7 所示。具体而言，研究开发费用加计扣除减免税在 2014 年、2016 年、2018 年和 2019 年增长较为迅速，分别同比增长 48.14%、44.88%、117.37%、48.82%；高新技术企业减免税在 2016 年、2017 年和 2018 年增长较为迅速，分别同比增长 25.02%、35.61% 和 22.60%；R&D 经费内部支出中政府资金在 2015 年和 2019 年增长较为迅速，分别同比增长 42.12% 和 67.14%，如图 8-8 所示。

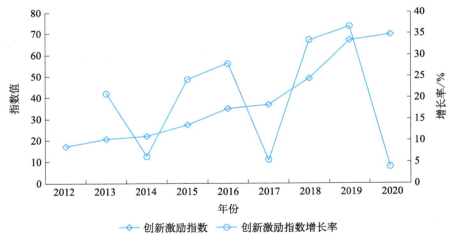

图 8-6 中国"计算机、通信和其他电子设备制造业"创新激励
指数及其增长率演进

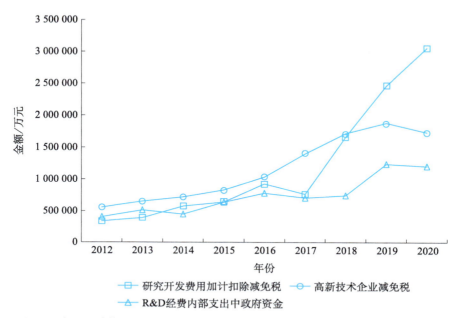

图 8-7　中国"计算机、通信和其他电子设备制造业"创新激励指数具体指标演进

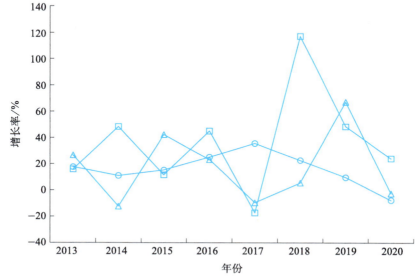

图 8-8　中国"计算机、通信和其他电子设备制造业"创新激励增长率演进

专栏：中兴通讯股份有限公司

中兴通讯股份有限公司（简称中兴通讯）创办于 1985 年，是一家在深圳和香港上市的大型通信公司，目前为中国、美国、德国等 160 多个国家和地区的主流电信运营商和政企客户提供综合通信解决方案[①]。中兴通讯具有通信业界完备的、端到端的产品线和融合解决方案，通过全系列的无线、有线、业务、终端产品和专业通信服务，灵活满足全球各种客户的差异化需求以及对快速创新的追求。

作为全球领先的综合通信解决方案提供商，中兴通讯坚持以持续技术创新的理念为全球 20 多亿个客户创造价值，不断强化自主创新能力，在《2021 中国上市公司创新指数 500 强名单》中名列第一[②]。目前中兴通讯拥有 8.5 万件全球专利申请，累计获得中国专利 10 项金奖[③]。

（一）赋能 5G 行业专网，开拓 5G ToB 蓝海

中兴通讯秉持用 5G 制造 5G 的理念，2021 年初发布了面向 5G 行业专网的小型化行业 5G 核心网（i5GC）解决方案。在此方案中，中兴通讯将高安全、全连接、大带宽、低时延等 5G 能力引入不同行业，结合人工智能、物联网、大数据等先进技术，中兴通讯在面向普通用户（ToC）和面向企业（ToB）两方面不断创新，致力于打造极致性能、极致体验、极致效益的 5G 网络，实现全行业的数字化，使 5G 全面覆盖全行业。

针对 5G ToC 建设，中兴通讯 i5GC 对 5G 核心网功能进行了融合与强化，并且利用 2U 通用服务器实现了多网元的一体化；利用一站式部署模式，以极小空间、极低能耗、极简运维的优点，为非专业的行业用户提供 5G 专网的就近快速部署与精准、极致的价值体验；i5GC 满足行业用户差异化的需求，为他们提供不同的定制服务和功能组合。另外，

---

① 参见：中兴通讯官网信息，网址：https://job.zte.com.cn/cn/into-zte/zte-profile.
② 浙江大学管理学院，深圳报业集团深新传播智库 . 2022-08-18. 2022 中国上市公司创新指数报告 . https://mp.weixin.qq.com/s/0LNvPVxugZKav7UcKypD1Q.
③ 参见：中兴通讯官网信息，网址：https://www.zte.com.cn/china/about/corporate_information.html.

中兴通讯还通过 5G 精准规划、5GC 自动化集成、5G 智能运维、5G 智能网络优化、5G 业务质量管理、5G 用户体验管理等为运营商和行业伙伴提供全面的 5G "规建维优营"服务，实现了 5G 价值建网、提升 5G 部署效率、实现运维模式转型、保障用户 5G 业务新体验。

针对 5G ToB 建设，中兴通讯部署 5G 行业核心网（i5GC+iIMS），在矿山、医疗、港口等领域开始布局。如为煤矿行业提供端到端超高清视话（Voice over New Radio，5G VoNR）的视频业务，并实时调度指挥煤矿井下安全生产，实现了关键段 5G 网络全覆盖以及全球首个煤炭行业 5G 700M+2.6G 融合组网。这也是 5G 700 兆赫频段网络首次在工业能源领域的应用，对国内煤矿智能化发展具有重要意义。目前，中兴通讯与中国煤炭科工集团有限公司强强联手，促进我国煤矿的数字化发展。

中兴通讯目前已形成了较强的核心竞争力和技术护城河，其市场格局和市场地位也在不断提升，目前 5G 基站发货量、5G 核心网收入均居全球第二。中兴通讯表示，将继续以行业项目为抓手，推进行业需求理解，继续在泛 5G 数字化领域投入研发，与企业和运营商共建 5G 应用生态，拓展 5G ToB 蓝海市场，驱动 5G 规模商用和价值变现。

（二）数字经济林荫路，助推"碳中和"

目前，全球气温不断上升，2021 年全球平均温度较工业化前水平（1850~1900 年平均值）高出 1.11℃ [①]，碳中和已经成为各行业的共识，全通信行业都在不断进行技术创新来帮助解决各行各业节能减排的挑战，助推全社会碳中和实现。中兴通讯作为碳中和筑路者，运用自主创新技术，从运营绿色企业、发展绿色供应链、绿色数字基础设施、赋能绿色行业四大方面搭建起持续发展的数字经济林荫路。

对于绿色企业运营，中兴通讯提出绿色办公，尽量选择远程会议；在工作环境舒适的情况下使用智能空调、智能照明来减少用电量，与此同时，中兴还自建绿色光伏电池，进一步助推绿色园区的建设；中兴通讯携手合作伙伴致力于产品全生命周期的闭环管理，对产品制造过程也不断在节能方面进行创新；中兴通讯专门设立部门来积极推动废旧电

---

① 中国气象局气候变化中心 .2022. 中国气候变化蓝皮书 2022. 北京：科学出版社 .

子设备的回收再利用，以"减量化、再利用、再循环"（reduce、reuse、recycle）的 3R 循环经济为基础，推动不同材料的循环再利用；从生产到物流再到采购都实践了绿色双碳战略，通过创新技术使绿色制造与智能制造深度结合，探索电子通信行业的碳中和方案，在物流方面，与物流供应方共建绿色生态圈，践行物流数字化转型，合理布局供应网络，优先选择低碳环保方式运输。

关于绿色节能，中信通讯推出 PowerPilot（5G 绿色能效）方案，计划实现端到端不断降低网络运营能耗以实现绿色节能目标，方案包括：依托 AI 与大数据，实现节能"一站一策""一站多策"，通过精准的话务负荷预测，灵活匹配节能频层，增加网络至少 80% 有效节能时间，降低 90% 人力成本[①]；精准匹配网络话务需求，需求驱动能耗；首家支持业务导航主动节能，实时识别业务需求，实现 4G/5G 网络深度协同，多制式网络能效最佳，实现移动网络 20% 以上的能耗降低；通过灵活带宽分配、业务识别、减少终端状态迁移等多种功能辅助终端节能，延长终端 20% 以上续航时间[①]。该方案不仅可大幅度降低网络能耗，还有助于提升用户体验，有效降低个人碳足迹。

37 年来，中兴通讯始终坚持"互相尊重，忠于中兴事业""精诚服务，凝聚顾客身上""拼搏创新，集成中兴名牌""科学管理，提高企业效益"的企业文化，希望实现"沟通与信任无处不在"，在全国设立了 11 家研发机构，同时进一步强化自主创新力度，保持在 5G 无线、核心网、承载、接入、芯片等核心领域的研发投入，其研发投入连续多年保持在营业收入的 10% 以上[②]，与此同时，中兴通讯时刻关注人类命运共同体，不断为绿色发展提供创新方案。展望未来，中兴通讯将继续用网络连接世界，创新引领美丽新世界。

---

① 中兴通讯 . 方案综述 . https://www.zte.com.cn/china/solutions_latest/Wireless_Access/green2.html.

② 中兴通讯 . 公司简称 . https://www.zte.com.cn/china/about/corporate_information/Company_Introduction.html.

第二节　电气机械和器材制造业

一、创新能力指数演进

中国"电气机械和器材制造业"创新能力指数呈现先下降后上升的发展态势。2012~2020年，该行业创新能力指数由24.81提高到37.81，年均增速达到5.41%；创新实力指数由26.14提高到40.23，年均增速为5.54%；创新效力指数由23.48提高到35.39，年均增速为5.26%，如图8-9所示。2020年，该行业R&D人员全时当量为177 182人年，R&D经费内部支出达到567.40亿元，发明专利申请量为16 881件，新产品销售收入为10 228.57亿元。

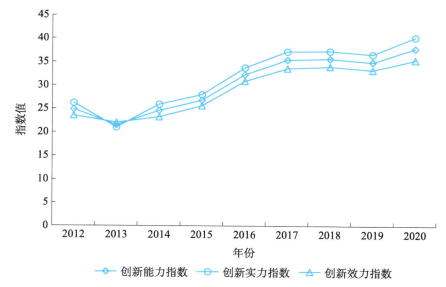

图8-9　中国"电气机械和器材制造业"创新能力演进

2012～2020 年，中国"电气机械和器材制造业"创新实力指数上升速度较快，这主要得益于创新产出实力指数的大幅度提升，其年均增速为 10.77%。与之相比，创新投入实力指数、创新条件实力指数和创新影响实力指数上升幅度略小，年均增速分别为 3.43%、5.71% 和 2.01%，如图 8-10 所示。在创新投入实力方面，2020 年，R&D 人员全时当量和 R&D 经费内部支出分别是 2012 年的 1.21 倍和 1.96 倍。在创新条件实力方面，2012～2020 年，企业办研发机构仪器和设备原价由 308.24 亿元增加到 641.51 亿元，企业办研发机构数由 2465 个增加到 3054 个，发明专利拥有量由 21 363 件增加到 99 702 件，企业办研发机构人员数由 196 394 人增加到 268 915 人。在创新产出实力方面，2012～2020 年，发明专利申请量由 16 881 件增加到 44 686 件，实用新型和外观设计专利申请量由 33 190 件增加到 69 054 件。在创新影响实力方面，2020 年，利润总额达到 3338.67 亿元，新产品出口达到 4584.11 亿元，新产品销售收入达到 21 294.90 亿元，分别是 2012 年的 1.44 倍、2.21 倍和 2.08 倍。

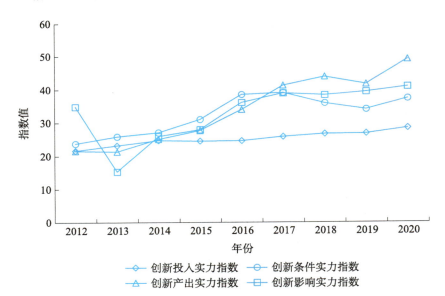

图 8-10　中国"电气机械和器材制造业"创新实力演进

值得关注的是，2012～2020 年，中国"电气机械和器材制造业"在技术消化吸收上投入不足，消化吸收经费持续降低，年均降低30.13%，2020 年的消化吸收经费为 6 914 万元，仅为 2012 年的 6%。此外，该行业专利价值波动幅度较大，专利所有权转让及许可收入由2012 年的 74 966 万元骤跌至 2013 年的 9 521 万元，随后开始逐渐上升，并在 2016～2020 年稳定在 66 700 万元左右。

2012～2020 年，中国"电气机械和器材制造业"创新效力指数整体提升较快，这主要得益于创新条件效力指数和创新产出效力指数的快速提升。2012～2020 年，创新条件效力指数和创新产出效力指数年均增速分别为 8.40% 和 6.82%。与之相比，创新投入效力指数和创新影响效力指数上升幅度较小，年均增速分别为 4.85% 和 1.97%，如图 8-11 所示。在创新投入效力方面，2020 年，R&D 人员全时当量占从业人员比例达到 6.32%，R&D 经费内部支出占主营业务收入比例达到 2.42%，有 R&D 活动的企业占全部企业比例达到 74.03%，分别是 2012 年的 1.51 倍、1.50 倍和 1.52 倍。在创新条件效力方面，2012～2020 年，单位企业办研发机构数对应的企业办研发机构仪器和设备原价由 1250.47 万元 / 个上升至 2100.56 万元 / 个，单位企业办研发机构人员数对应的企业办研发机构仪器和设备原价由 15.70 万元 / 人增加到 23.86 万元 / 人，企均有效发明专利数由 5.06 件增加到 26.89 件，设立研发机构的企业占全部企业的比例由 41.74% 增加到 61.11%。在创新产出效力方面，2012～2020 年，每万名 R&D 人员全时当量发明专利申请数由 952.75 件增加到 2082.78 件，每万名 R&D 人员全时当量实用新型和外观设计专利申请量由 1873.22 件增加到 3218.55 件，每亿元 R&D 经费发明专利申请量由 29.75 件增加到 40.23 件，每亿元 R&D 经费实用新型和外观设计专利申请量由 58.49 件增加到 62.17 件。在创新影响效力方面，2020 年，单位能耗对应的利润总额达到 11 751.74 万元 / 万吨标准煤，单位从业人员利润达到 9.84 万元 / 人，新产品销售收入占主营业务收入比例达到 46.42%，新产品出口与新产品销售收入比例达到 21.53%，分别是 2012 年的 1.18 倍、1.79 倍、1.60 倍和 1.06 倍。

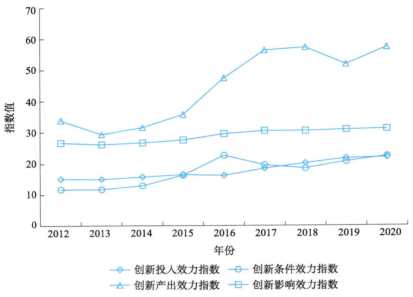

图 8-11　中国"电气机械和器材制造业"创新效力演进

值得注意的是，2012～2020 年，中国"电气机械和器材制造业"部分创新效力指数相关指标呈现下降态势。主要原因有以下几方面。一是该行业对技术消化吸收重视不足。2012～2020 年，消化吸收经费与技术引进经费比例下降幅度较大，由 52.68% 跌至 6.02%。二是该行业专利价值有待提升，每万名 R&D 人员全时当量专利所有权转让及许可收入波动幅度较大，2020 年，该值为 3109.58 万元，仅为 2012 年的 73%。三是部分与新产品开发相关的指标波动明显，新产品开发支出与新产品销售收入比例从 2012 年的 6.82% 波动下降至 2020 年的 6.24%。

与国际领先水平相比，中国"电气机械和器材制造业"的创新实力还有一定差距。从 2022 年《财富》世界 500 强企业分行业来看，"电气机械和器材制造业"营业收入前 10 名企业中，中国有 3 家大陆企业

（美的集团、小米科技有限责任公司、中国电子信息产业集团有限公司）和2家台湾地区企业（鸿海精密工业股份有限公司、和硕联合科技股份有限公司）。在创新实力方面，三星电子公司、通用电气公司在2020年R&D经费内部支出分别为1082.27亿元、186.03亿元，而中国"电气机械和器材制造业"的R&D经费内部支出仅为567.40亿元。美国商业专利数据库数据显示[1]，2020年美国专利申请中，三星电子公司共415件，乐金电子公司共2831件，索尼公司共2239件，分别居于第2位、第7位和第12位，而中国企业未进入前50位。

在创新效力方面，从R&D经费内部支出占主营业务收入比例和单位从业人员利润两个指标来看，中国"电气机械和器材制造业"与国际知名企业相比，整体仍存在较大差距。2020年，三星电子公司、通用电气公司的R&D经费内部支出占主营业务收入比例分别为8.96%、3.22%，而中国"电气机械和器材制造业"的R&D经费内部支出占主营业务收入比例仅为2.42%。2020年，三星电子公司、通用电气公司的单位从业人员利润分别是68.51万元/人、30.97万元/人，而中国"电气机械和器材制造业"的单位从业人员利润仅为9.84万元/人。[2]

二、创新发展指数演进

中国"电气机械和器材制造业"创新发展指数呈现大幅上升态势。2012～2020年，该行业创新发展指数由20.47提高到31.64，年均增速达到5.60%。其中，2016年创新发展指数增长较为明显，同比增长12.66%，如图8-12所示。

---

[1]　IFI Claims. 2020 Top 50 US Patent Assignees. https://www.ificlaims.com/rankings-top-50-2020.htm.

[2]　资料来源：企业年报、《财富》中文网及其他公开资料。汇率根据中国人民银行2020年12月公布的数据折算。

图 8-12　中国"电气机械和器材制造业"创新发展指数及其增长率演进

2012～2020 年，中国"电气机械和器材制造业"创新发展指数上升速度较快，这主要得益于其科技发展指数的大幅度提升，年均增速为 9.87%。与之相比，其经济发展指数和环境发展指数上升幅度略小，年均增速分别为 0.91% 和 4.15%，如图 8-13 所示。在科技发展方面，2020 年，企业办研发机构人员数对应的有效发明专利数、单位主营业务收入发明专利申请数和单位主营业务收入实用新型和外观设计

图 8-13　中国"电气机械和器材制造业"创新发展指数具体指标演进

专利申请数分别是 2012 年的 3.41 倍、2.03 倍和 1.74 倍。在经济发展方面，2012～2020 年，利润总额与主营业务收入比例由 6.58% 上升到 7.28%，单位从业人员主营业务收入由 83.39 万元 / 人增加到 135.19 万元 / 人，新产品（仅国际市场的新产品）销售收入占主营业务收入的比重从 3.70% 上升到 5.00%。在环境发展方面，2020 年，单位能耗对应的利润总额、单位氨氮排放量对应的利润总额和单位二氧化硫排放量对应的利润总额分别为 2012 年的 1.18 倍、4.26 倍和 26.48 倍，其中，单位二氧化硫排放量对应的利润总额在 2020 年实现突破性增长，从 2019 年的 1540.45 万元 / 吨剧增至 2020 年的 50 662.67 万元 / 吨。

值得关注的是，2012～2020 年，中国"电气机械和器材制造业"部分创新发展指数的相关指标波动较大。企业办研发机构人员数中博士占比从 2012 年的 1.17% 下降至 2016 年的 1.10%，2017 年回升至 1.23%，但随后持续下降，2020 年仅为 1.00%。此外，在实现产品创新企业中有国际市场新产品的企业占比下降趋势明显，从 2012 年的 26.50% 波动下降至 2020 年的 23.20%。

三、创新激励指数演进

2012～2020 年，中国"电气机械和器材制造业"创新激励指数提升较为明显。2012～2020 年，该行业创新激励指数由 11.70 上升至 36.38，年均增速达到 15.24%。其中，2013 年和 2018 年创新激励指数增长较为明显，分别同比增长 30.03% 和 32.31%，如图 8-14 所示。2012～2020 年，研究开发费用加计扣除减免税由 22.78 亿元上升至 118.98 亿元，高新技术企业减免税由 55.07 亿元上升至 189.42 亿元，2020 年，上述指标分别是 2012 年的 5.22 倍和 3.44 倍。但是，R&D 经费内部支出中政府资金由 2012 年的 16.16 亿元波动上升至 2019 年的 39.14 亿元后，在 2020 年骤降至 15.03 亿元，如图 8-15 所示。具体而言，研究开发费用加计扣除减免税在 2017 年、2018 年和 2019 年增长较为迅速，分别同比增长 35.37%、42.61% 和 37.21%；高新技术企业

减免税在 2013 年和 2018 年增长较为迅速，分别同比增长 36.78% 和
28.61%；R&D 经费内部支出中政府资金在 2019 年增长较为迅速，同
比增长 51.30%，如图 8-16 所示。

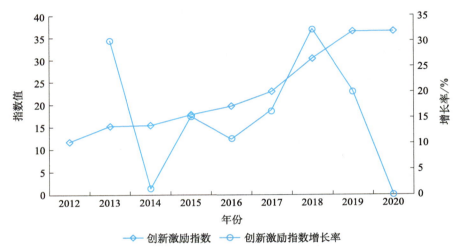

图 8-14　中国"电气机械和器材制造业"创新激励指数及其增长率演进

图 8-15　中国"电气机械和器材制造业"创新激励指数具体指标演进

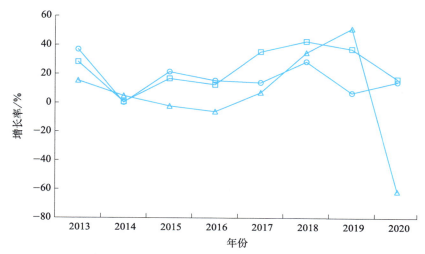

图 8-16 中国"电气机械和器材制造业"创新激励指数具体指标增长率演进

专栏：珠海格力电器股份有限公司

　　珠海格力电器股份有限公司（简称格力电器）成立于 1991 年，1996 年 11 月在深圳证券交易所挂牌上市。30 多年间，格力电器完成了一个国际化家电企业的成长蜕变，现已发展成为多元化、科技型的全球工业制造集团，产业覆盖家用消费品和工业装备两大领域，产品远销 180 多个国家和地区。

　　格力电器在《2021 中国上市公司创新指数 500 强名单》《2021 中国上市公司创新势力 200 强名单》中均位列第二①，并获得"中国质量万里行家电行业服务质量领跑企业""第四届中国质量奖提名奖""2021 上市公司'金质量'奖"等众多奖项。格力电器始终秉持自主研发、自主生产、自主销售的经营理念，以创新引领发展。

────────────

① 浙江大学管理学院，深圳报业集团深新传播智库. 2022-08-18. 2022 中国上市公司创新指数报告. https://mp.weixin.qq.com/s/0LNvPVxugZKav7UcKypD1Q.

（一）专注技术创新，全面布局专利

创新是引领发展的第一动力，格力电器专注专利布局，专利数量和质量稳步增长，创新发展动能持续增强。从 2016 年起，格力电器发明专利授权量连续六年稳居全国前十位。国家知识产权局统计数据显示，截至 2022 年 6 月，格力电器累计申请国内外专利 100 030 件，专利授权量达 57 683 件。其中，发明专利申请量为 49 963 件，PCT 专利申请量为 2310 件。截至 2022 年，格力电器围绕新能源环境、智能装备、冷冻冷藏、洗涤等技术建有 16 个研究院、152 个研究所、1411 个实验室及 1 个国家重点实验室[①]。扎实的基础设施、"按需投入不设上限"的理念不断激励着格力电器科研技术人员逐步将格力电器打造成为科技创新集中地。凭借出色的创新能力与过硬的科研成果，格力电器正一步步走向国际舞台，让世界爱上中国造，为中国从"制造大国"转向"制造强国"贡献卓越力量。

（二）多元化战略布局，交出亮眼成绩单

随着空调行业竞争愈加激烈，格力电器创新求变，在能源、光伏、厨电、工业制品等多个领域积极布局，不断拓展业务边界，在多个领域产出创新成果。2018 年，格力电器收购银隆新能源股份有限公司，以空调为连接点，将清洁光伏技术、钛酸锂电池储能与高效空调进行融合，创新研发出了格力电器光储空"零碳源"系统。2022 年 3 月，全国首台"光储直柔"800VDC 等级直流离心机组在格力电器成功研制下线，这一成果是格力电器光伏战略历程上的重要里程碑，不仅为推动能源优化提供了切实解决方案，更为全球提供了绿色能源解决新方案。2022 年 5 月，格力电器推出新轻厨健康套系家电，以"简单做，健康吃"的核心理念，打造全新的厨房空间体验，联合格力电器原有的五大套系家电，为消费者提供绿色、健康、安全的家庭万物互联系统。在工业制品领域，格力电器拥有多项经过国际认证的专利技术，包括压缩机、电机等，这些技术进一步支持格力电器向能源、汽车等领域进军。

---

① 新华财经. 专利数量突破 10 万件格力电器是怎么做到的？ 2022-07-05. http://www.xinhuanet.com/enterprise/20220705/278f59a519e9444eae778a3cef4b8ad9/c.html.

（三）数字化转型升级，打造格力电器智能工厂

在物联网技术高度发展的背景下，信息技术与制造技术高度融合，格力电器致力于以自主创新的核心科技推动智能制造发展，研发生产的智能装备不仅服务于企业内部，更为中国制造业数字化转型提供了解决方案。格力电器在其工业互联网平台上部署了红帽 OpenShift，构建了混合云和 DevOps 平台，统一了整个企业的研发系统技术框架和流程。格力电器董事长兼总裁董明珠介绍，格力电器已经实现了"黑灯工厂"，即全自动、全智能、全配套、5G 全面覆盖、智慧掌上管理、高端智能制造的工厂。2021 年，格力电器珠海基地被广东省工业和信息化厅认定为广东省第一批"5G+ 工业互联网"应用示范园区。同时，在互联网周刊发布的《2021 智能工厂 TOP200》中，格力位居第二①。

（四）构建"新零售模式"，推动品牌年轻化

随着电商技术的成熟以及移动终端的普及，消费者购买习惯逐渐发生改变，线上消费所占比例增加。在此背景下，格力电器推进渠道改革，通过直播带货的方式打通线上线下销售渠道，打开格力电器"新零售模式"。格力电器唯一官方网上商城"格力董明珠店"与格力电器三万家线下专卖店结合，并在全国进行巡回直播，采取"线下体验、线上下单"模式，保障全国统一价格、配送和售后服务。一方面，线上销售渠道的打通能够帮助格力电器更好地应对疫情的冲击，在行业低迷的态势下实现逆势增长，全面推进格力电器物流信息系统升级与仓网优化建设；另一方面，直播电商的消费方式更贴近年轻一代的喜好，能够让消费者通过新兴的沟通渠道感受格力电器这一传统品牌的生命力，潜移默化地重塑格力电器形象，推动品牌年轻化。

三十多年的创新发展，三十多年的砥砺奋进，格力电器始终坚持以敢为人先的勇气与自主创新的底气去打磨、沉淀每一项技术，向着高质量发展新征程不断迈进。格力电器 2022 年上半年财报显示，格力电器实现营业总收入 958.07 亿元，同比增长 4.13%；2022 年第二季度，格力电器实现营业收入 602.72 亿元，环比增长 69.61%；第二季度归母净利润 74.63 亿元，环比增长 86.42%。

---

① 互联网周刊. 2021 智能工厂 TOP200. 2021-08-05. https://baijiahao.baidu.com/s?id=1707222528688926328&wfr=spider&for=pc.

第三节　汽车制造业

一、创新能力指数演进

2012～2020 年，中国"汽车制造业"创新能力指数呈现先上升后下降态势。中国该行业创新能力指数由 2012 年的 15.76 提升至 2016 年的 26.75，后下降至 2020 年的 25.42，2012～2020 年年均增速达到 6.16%；创新实力指数由 2012 年的 15.85 上升至 2016 年的 33.64，后下降至 2020 年的 29.62，2012～2020 年年均增速为 8.13%；创新效力指数由 2012 年的 15.67 上升至 2019 年的 21.52，后下降至 2020 年的 21.22，2012～2020 年年均增速为 3.86%，如图 8-17 所示。2020 年，该行业 R&D 人员全时当量为 185 112 人年，R&D 经费内部支出达到 1128.29 亿元，发明专利申请量为 16 430 件，新产品销售收入为 26 104.12 亿元。

2012～2020 年，中国"汽车制造业"创新实力指数上升速度较快，这主要得益于该行业创新影响实力指数的大幅度提升，年均增速为 10.81%。与之相比，创新投入实力指数、创新条件实力指数、创新产出实力指数上升幅度略小，年均增速分别为 6.50%、5.12% 和 8.41%，如图 8-18 所示。在创新投入实力方面，2020 年，R&D 人员全时当量、R&D 经费内部支出和消化吸收经费分别是 2012 年的 1.25 倍、2.18 倍和 1.80 倍。在创新条件实力方面，2012～2020 年，企业办研发机构仪器和设备原价由 344.77 亿元增加到 510.82 亿元，企业办研发机构数由 1290 个增加到 1656 个，发明专利拥有量由 8873 件增加到 45 119 件，企业办研发机构人员数由 155 140 人增加到 218 640 人。在创新产出实力方面，2012～2020 年，发明专利申请量从 5638 件增加至 16 430 件，实用新型和外观设计专利申请量由 18 280 件增加至 29 458 件。在创新影响实力方面，2020 年，利润总额达到 4359.82 亿元，新产品出口达到 1297.40 亿元，新产品销售收入达到 26 104.12 亿元，分别是 2012 年的 1.19 倍、1.97 倍和 1.85 倍。

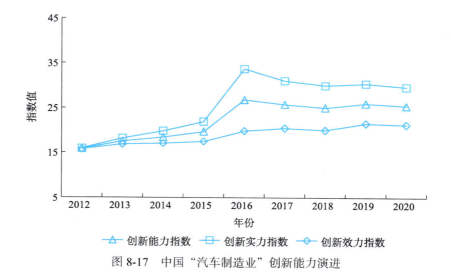

图 8-17　中国"汽车制造业"创新能力演进

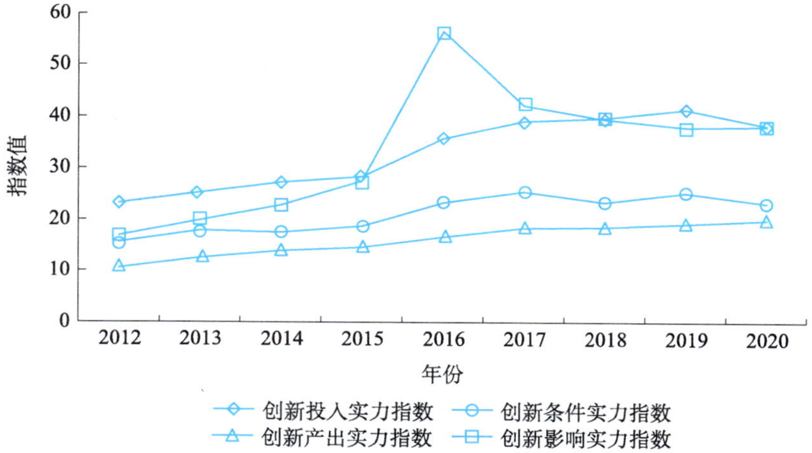

图 8-18　中国"汽车制造业"创新实力演进

值得关注的是，中国"汽车制造业"专利价值有待提升。2012～2020 年，专利所有权转让及许可收入整体波动较大，2012 年仅为 0.69 亿元，2016 年上升至 10.23 亿元，2017 年又下降至 5.20 亿元。

　　2012～2020 年，中国"汽车制造业"创新效力指数整体提升较快，这主要得益于创新产出效力指数的快速提升。2012～2020 年，创新产出效力指数年均增速为 6.64%；与之相比，创新投入效力指数、创新条件效力指数、创新影响效力指数年均增速分别为 4.73%、3.46% 和 1.94%，如图 8-19 所示。在创新投入效力方面，2020 年，R&D 人员全时当量占从业人员比例达到 6.62%，R&D 经费内部支出占主营业务收入比例达到 1.71%，有 R&D 活动的企业占全部企业比例达到 67.25%，分别是 2012 年的 1.39 倍、1.37 倍和 1.56 倍。在创新条件效力方面，2012～2020 年，单位企业办研发机构数对应的企业办研发机构仪器和设备原价由 2672.62 万元 / 个增加到 3084.69 万元 / 个，企均有效发明专利数由 3.41 件增加到 16.03 件，设立研发机构的企业占全部企业的比例由 38.13% 增加至 45.97%。在创新产出效力方面，2012～2020 年，每万名 R&D 人员全时当量发明专利申请数由 379.92 件增加到 887.57 件，每亿元 R&D 经费发明专利申请量由 10.87 件增加到 14.56 件。在创新影响效力方面，2020 年，单位从业人员利润达到 15.60 万元 / 人，新产品开发支出与新产品销售收入比例达到 5.56%，新产品销售收入占主营业务收入比例达到 39.47%，每万名 R&D 人员全时当量专利所有权转让及许可收入达到 2808.46 万元，分别是 2012 年的 1.32 倍、1.26 倍、1.16 倍和 6.01 倍。

　　值得注意的是，2012～2020 年，中国"汽车制造业"部分创新效力指数的相关指标呈现下降态势。主要原因有以下几个方面。一是该行业对技术消化吸收重视不足。2012～2020 年，消化吸收经费与技术引进经费比例由 30.67% 下降至 29.00%。二是单位 R&D 经费产出的实用新型和外观设计专利申请量下降明显。2012～2020 年，每亿元 R&D 经费实用新型和外观设计专利申请量由 35.24 件下降至 26.11 件。三是能耗成本的利用率有待提升。单位能耗对应的利润总额从 2012 年的

13 307.72 万元 / 万吨标准煤下降至 2020 年的 11 902.32 万元 / 万吨标准煤。

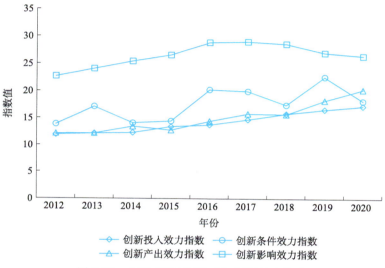

图 8-19 中国"汽车制造业"创新效力演进

与国际领先企业相比，中国"汽车制造业"的创新实力还有待提升。从 2020 年《财富》世界 500 强企业分行业来看，在"汽车与零部件行业"相关行业营业收入前 10 名的企业中，中国企业仅有 1 家，为上海汽车集团股份有限公司，而中国第一汽车集团有限公司和东风汽车集团有限公司分别居于第 11 位、第 13 位，排名相对靠前。美国商业专利数据库数据显示，2020 年美国专利申请中，丰田汽车公司专利授权量为 2079 件，福特汽车公司为 2025 件，本田汽车公司为 1205 件，通用汽车公司为 781 件，现代汽车公司为 1464 件，分别居于第 14 位、第 15 位、第 27 位、第 48 位和第 20 位，而上海汽车集团股份有限公司未进入前 50 位①。

在创新效力方面，从 R&D 经费内部支出占主营业务收入比例和单位从业人员利润两个指标来看，中国"汽车制造业"与国际知名企业相比，仍有一定差距。2020 年，丰田汽车公司、本田汽车公司、通用

① IFI Claims. 2020 Top 50 US Patent Assignees. https://www.ificlaims.com/rankings-top-50-2020.htm.

汽车公司、现代汽车公司的 R&D 经费内部支出占主营业务收入比例分别为 4.03%、5.85%、4.52% 和 5.22%，而中国"汽车制造业"的 R&D 经费内部支出占主营业务收入比例仅为 1.71%。2020 年，丰田汽车公司和通用汽车公司的单位从业人员利润分别是 34.75 万元 / 人和 28.4 万元 / 人，而中国"汽车制造业"的单位从业人员利润仅为 15.60 万元 / 人，上海汽车集团股份有限公司的单位从业人员利润是 17.52 万元 / 人。[①]

二、创新发展指数演进

中国"汽车制造业"创新发展指数呈现波动上升态势。2012～2020 年，该行业创新发展指数由 17.31 提高到 19.93，年均增速为 1.77%。其中，2014 年和 2016 年创新发展指数增长较为明显，分别同比增长 6.64%、6.87%，如图 8-20 所示。

图 8-20 中国"汽车制造业"创新发展指数及其增长率演进

2012～2020 年，中国"汽车制造业"创新发展指数波动上升，这主要得益于科技发展指数的大幅度提升，科技发展指数年均增速为 8.86%。与之相比，环境发展指数上升幅度较小，年均增速为 0.77%；

---

① 资料来源：企业年报、《财富》中文网及其他公开资料。汇率根据中国人民银行 2020 年 12 月公布的数据折算。

经济发展指数有明显下降，由 26.94 下降至 23.21，如图 8-21 所示。在科技发展方面，2020 年，单位主营业务收入发明专利申请数、单位主营业务收入实用新型和外观设计专利申请数和企业办研发机构人员数对应的有效发明专利数分别是 2012 年的 1.94 倍、1.21 倍和 6.24 倍。在经济发展方面，2012～2020 年，单位从业人员主营业务收入从 7.55 万元 / 人增加至 15.24 万元 / 人。在环境发展方面，2020 年，单位氨氮排放量对应的利润总额、单位二氧化硫排放量对应的利润总额分别为 2012 年的 2.19 倍和 8.17 倍，其中，单位二氧化硫排放量对应的利润总额实现突破性增长，从 6059.41 万元 / 吨增加到 49 487.17 万元 / 吨，增长率达到 716.70%。

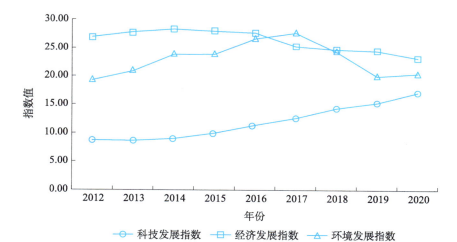

图 8-21　中国"汽车制造业"创新发展指数具体指标演进

值得关注的是，2012～2020 年，中国"汽车制造业"部分创新发展指数的相关指标波动较大。在科技发展指数的相关指标中，企业办研发机构人员数中博士占比从 2012 年的 0.98% 下降到 2015 年的 0.78%，随后经历 2016、2017 年的两年上升后，又开始下降，在 2019 年下降至 0.81% 左右，又在 2020 年回升至 0.84%。经济发展指数相关指标波动明显。利润总额与主营业务收入比例从 2012 年的 8.84% 下降至 2020 年的 6.60%，在实现产品创新企业中有国际市场新产品的企业占比从 2012 年的 19.60% 上升至 2016 年的 21.60%，随后逐年下降至 2020 年的 15.70%，新产品（仅国际市场的新产品）销售收入占主营业务收入的比重从 2012 年的 2.70% 下降至 2017 年的 1.22%，随后逐年上升，至 2020 年达到 1.80%。在环境发展指数相关指标中，单位能耗对应的利润总额从 2012 年的 13 307.72 万元 / 万吨标准煤上升至 2016 年的 18 252.05 万元 / 万吨标准煤，后又逐年下降至 2020 年的 11 902.32 万元 / 万吨标准煤。

三、创新激励指数演进

2012～2020 年，中国"汽车制造业"创新激励指数整体处于上升态势，由 13.00 上升至 24.75，年均增速为 8.39%。其中，2014 年、2017 年、2019 年创新激励指数增长较为明显，分别同比增长 17.70%、24.02% 和 31.93%，如图 8-22 所示。2012～2020 年，研究开发费用加计扣除减免税从 52.80 亿元上升至 116.43 万元，高新技术企业减免税由 46.30 亿元上升至 99.29 亿元，R&D 经费内部支出中政府资金由 2012 年的 15.27 亿元上升至 2019 年的 51.57 亿元，又在 2020 年下降至 13.91 亿元；2020 年，上述指标分别是 2012 年的 2.21 倍、2.14 倍和 0.91

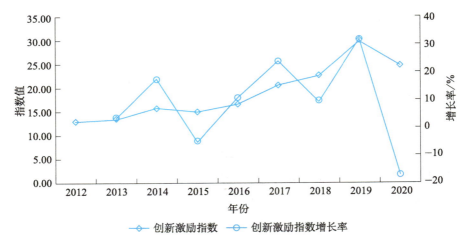

图 8-22　中国"汽车制造业"创新激励指数及其增长率演进

倍，如图 8-23 所示。具体而言，研究开发费用加计扣除减免税在 2014 年、2018 年增长较为迅速，分别同比增长 41.82%、40.58%；高新技术企业减免税在 2016 年、2017 年增长较为迅速，分别同比增长 38.07% 和 36.29%；R&D 经费内部支出中政府资金在 2019 年增长最为迅速，同比增长 136.89%，如图 8-24 所示。

图 8-23　中国"汽车制造业"创新激励指数具体指标演进

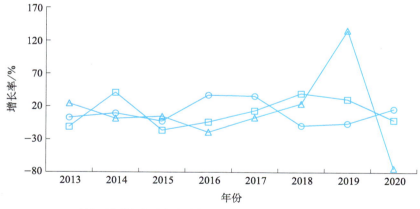

图 8-24　中国"汽车制造业"创新激励指数具体指标增长率演进

专栏：无锡威孚高科技集团股份有限公司

无锡威孚高科技集团股份有限公司（简称威孚高科），是国内汽车零部件的著名生产厂商、中国汽车零部件三十强企业。它的前身是无锡油泵油嘴厂，始建于 1958 年，历经 60 多年的拼搏发展，现拥有 10 余家全资和控股子公司，全球员工近 8000 人[①]，是中国机械行业的百强企业，是业绩优良的 A 股、B 股上市公司，中国主板上市公司价值 100 强企业。威孚高科坚持技术创新，不断推进产品结构调整和产业升级，业务领域由原来的燃油喷射系统产品发展到燃油喷射系统、尾气后处理系统、进气系统三大业务板块，形成了有竞争力的汽车核心零部件产业链；同时，威孚高科实施核心业务和新业务并重的"双擎驱动"战略，加快拓展多元化的公司业务，在新能源驱动和智能网联技术等新兴业务领域积极布局。

（一）自主创新，奠定发展基础

1958 年，一家初始资产仅有 71 万元的技工学校的校办工厂改建而成，这正是威孚高科的雏形。成立之初，工人们面临第一次技术创新——农机配套零件生产。出乎意料的是，一副小小的油嘴成了拦路虎。因为当时我国技术基础薄弱，喷油嘴全靠进口，当时进口一副精密偶件的价格相当一两黄金。在缺乏设备和资料的困难情境下，工人师傅大胆尝试，克服重重困难，先后研制成功新中国第一副油嘴偶件、第一台单体泵和第一台 I 号泵，一举打破了油嘴油泵长期被国际封锁的瓶颈，填补了国内在该领域的空白。这是威孚高科第一次自主技术创新，自此，威孚高科始终秉承科技为本、科技创新的理念，坚持以振兴民族企业为初心。

（二）强强联合，改革建制

20 世纪 70 年代末 80 年代初，公司做出了"油泵上汽车"的战略决策，展开了第二次技术创新。80 年代中期，企业开展重大技术改造，

---

① 参见：威孚公司官网信息，网址：http://www.weifu.com.cn/.

引进世界最先进的燃油喷射企业——德国罗伯特·博世有限公司的 A 型泵生产制造技术许可证，用先进技术改造传统产品，使企业具有了 A 型泵的规模生产能力，这个产品系列也成为威孚高科的拳头产品，20 多年来始终是企业利润的主要增长点之一。同时，威孚高科与博世的合作也推动了产品的升级换代，带动了 AW 泵等新品种的开发和喷油嘴偶件系列化，企业得到了飞跃发展。90 年代，企业又与法国、日本公司合资成立欧亚柴油机喷射有限公司，使产品技术水准逐步与国际接轨，实现了"汽配小巨人"的宏伟目标。通过与国际先进企业的合作，威孚高科不仅引入了先进技术，也学习到了科学的现代企业管理方式，走上了持续、高速、健康发展的轨道。

威孚高科于 1992 年 10 月在全国同行业中首次尝试推行股份制、全员劳动合同制、岗位技能工资制等综合配套改革措施。当时股本总额为 11 543 万元，公司遵循市场运行机制，不断深化改革，积极推进资产重组，理顺产权关系，优化资产负债结构。1994 年底，威孚高科入围全国百家建立现代企业制度试点单位，以"产权清晰、权责明确、政企分开、管理科学"为建制目标，把改制、改组、改造和加强企业管理结合起来，妥善处理改革、发展和稳定的关系，在建立科学规范的法人治理结构、以国有资产投资为主体构造母子公司体制、通过资产重组优化结构、实行内部下岗分流、减人增效、优胜劣汰机制，以及推进现代化管理理念与方法手段等方面开展了大量工作，使建立现代企业制度试点工作取得了明显成效。

（三）进军蓝海，双擎驱动

进入新发展阶段后，威孚高科确立了核心业务、新兴业务的"双擎驱动"战略，确保公司业务稳健转型。

节能减排作为威孚高科现有核心业务板块，包含高压燃喷系统、尾气后处理系统、进气系统三大业务领域。在汽车产业低碳节能的大趋势下，威孚高科紧抓排放法规升级的战略机遇，加快拓展普通混合动力、插电式混合动力相关产品市场，并通过加强与合资品牌及头部造车新势力的合作，进一步提升产品市场占有率。在产品开发层面，企业聚焦高效、节能减排的燃喷产品、尾气后处理和涡轮增压等产品，紧密围绕内燃机热效率持续提升及当前替代燃料技术趋势，加强关键技术和产品研发能力，提升正向工程能力和系统集成、应用开发能力，巩固和提升过程运营能力，提高成本和质量控制能力，提升自身在传统竞争领域的优势。

绿色氢能、智能电动是威孚高科在近几年布局的新"蓝海赛道"，也是公司业务结构转型的重要战略方向。威孚高科绿色氢能板块主要聚焦于氢能产业链中上游的氢燃料电池核心零部件、可再生能源制氢两大业务，目前正加快构建核心竞争力，实现业务规模化增长。2018年，公司展开了以氢燃料电池和可再生能源制氢为专题的规划研究及初步布局。一方面，公司通过国际并购（收购丹麦 IRD、比利时 Borit 的 100% 股权），构建了电堆核心零部件"一膜两板"（膜电极、石墨双极板、金属双极板）关键技术能力；另一方面，公司加强自主研发，设立新能源与网联技术研究院，完成氢燃料电池研发测试中心一期建设，构建了辅助出厂设备（balance of plant，BOP）关键零部件（包括氢气子系统、空气子系统、水热子系统等）核心技术基础能力。2020年，威孚高科氢燃料电池核心零部件产品实现销售收入 7739.7 万元[①]。

智能电动板块则聚焦电驱系统核心零部件、热管理系统及核心零部件、智能感知核心模组、舱内核心零部件四大业务领域，加速推进产品研发和产业化进程，实现中高端新能源汽车市场头部客户项目突破。同时，公司积极关注工业及其他业务：依托与博世力士乐公司的战略合作及中国合资公司项目，全力推进液压系统及核心零部件业务发展；持续推进制动系统核心零部件、智能制造装备、后市场及贸易等业务的转型升级，积极探索布局符合公司发展战略方向的前沿技术与市场，实现业务量的提升。

面临 21 世纪激烈的竞争形式，威孚高科提出优化和提升现有核心业务、突破和卡位战略新兴业务的双擎驱动战略，形成节能减排、绿色氢能、智能电动、工业及其他四大板块全面发展的新战略格局。威孚高科将继续秉承"国际化、自主化、多维化"战略方针，立足前沿技术和核心产品的创新开发，掌握发展主动权，形成技术优势并将其转化为产品优势；坚持深化国际合作，在全球视野下开展业务布局和资源整合；

① 无锡威孚高科技集团股份有限公司 .2022-01-27. 关于制定氢能业务发展战略规划纲要及成立氢能事业部的公告 .http://www.weifu.com.cn/uploads/20220127133231/f.PDF.

坚持围绕核心业务赛道实现横向、纵向发展，不断强化集团核心平台化竞争力，实现融合创新和突破，未来将继续向科技型公司方向发展，实现"百年威孚 汽车核心零部件工业专家"的企业愿景。

第四节　专用设备制造业

一、创新能力指数演进

中国"专用设备制造业"创新能力指数整体呈现上升趋势。2012～2020 年，中国该行业创新能力指数由 17.14 提升至 24.18，年均增速达到 4.39%；创新实力指数由 11.95 上升至 2016 年的 17.12，后下降至 15.69，年均增速为 3.47%；创新效力指数由 22.34 上升至 32.68，年均增速为 4.87%，如图 8-25 所示。2020 年，该行业 R&D 人员全时当量为 105 782 人年，R&D 经费内部支出达到 566.14 亿元，发明专利申请量为 18 050 件，新产品销售收入为 7521.09 亿元。

2012～2020 年，中国"专用设备制造业"创新实力指数呈现缓慢的波动上升趋势，这主要得益于该行业创新条件实力指数、创新产出实力指数的提升，年均增速分别为 4.47% 和 8.06%。与之相比，创新投入实力指数上升幅度略小，年均增速为 1.68%，创新影响实力指数经历波动，在 2016 年达到峰值后迅速下降，2017～2020 年又缓慢上升，如图 8-26 所示。在创新投入实力方面，2020 年，R&D 经费内部支出是 2012 年的 1.80 倍。在创新条件实力方面，2012～2020 年，企业办研发机构仪器和设备原价由 183.06 亿元增加到 261.34 亿元，企业办研发机构数由 1333 个增加到 1589 个，发明专利拥有量由 12 945 件增加到 57 063 件，企业办研发机构人员数由 108 015 人增加到 130 338 人。在创新产出实力方面，2012～2020 年，发明专利申请量从 8265 件增加至 18 050 件，实用新型和外观设计专利申请量由 15 901 件增加至 26 957 件。在创新影响实力方面，2020 年，利润总额达到 1957.33 亿元，新产品出口达到 1030.35 亿元，新产品销售收入达到 7521.09 亿元，分别是 2012 年的 1.61 倍、1.83 倍和 1.75 倍。

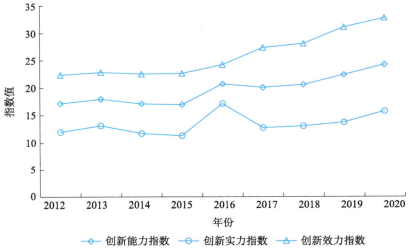

图 8-25　中国"专用设备制造业"创新能力演进

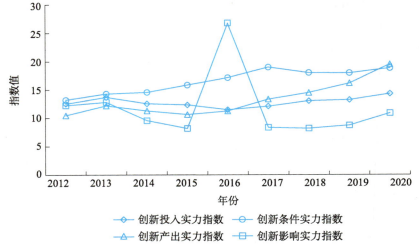

图 8-26　中国"专用设备制造业"创新实力演进

值得关注的是，中国"专用设备制造业"创新投入实力指数的相关指标出现波动。具体来看，2012～2020 年，R&D 人员全时当量于 2013 年达到峰值（126 162 人年），随后下降至 2017 年的 101 599 人年，后又缓慢上升至 2020 年的 105 782 人年；消化吸收经费大幅下降，从 2012 年的 3.87 亿元下降至 0.52 亿元。在创新影响实力指数的相关指标中，专利所有权转让及许可收入经历了较大波动，2012 年仅为 2.29 亿元，2016 年上升至 6.85 亿元，2017 年又下降至 0.82 亿元。

2012～2020 年，中国"专用设备制造业"创新效力指数整体提升较快，这主要得益于创新产出效力指数的快速提升。2012～2020 年，创新产出效力指数年均增速为 6.52%；与之相比，创新投入效力指数、创新条件效力指数、创新影响效力指数年均增速分别为 5.30%、5.17% 和 2.66%，如图 8-27 所示。在创新投入效力方面，2020 年，R&D 人员全时当量占从业人员比例达到 6.97%，R&D 经费内部支出占主营业务收入比例达到 3.10%，有 R&D 活动的企业占全部企业比例达到 76.00%，分别是 2012 年的 1.21 倍、1.56 倍和 1.50 倍。在创新条件效力方面，2012～2020 年，单位企业办研发机构数对应的企业办研发机构仪器和设备原价由 1373.30 万元 / 个增加到 1644.68 万元 / 个，单位企业办研发机构人员数对应的企业办研发机构仪器和设备原价由 16.95 万元 / 人增加到 20.05 万元 / 人，企均有效发明专利数由 5.69 件增加到 28.07 件，设立研发机构的企业占全部企业的比例由 45.05% 增加至 55.34%。在创新产出效力方面，2012～2020 年，每万名 R&D 人员全时当量发明专利申请数由 727.72 件增加到 1706.34 件，每亿元 R&D 经费发明专利申请量从 26.25 件上升至 31.88 件，每万名 R&D 人员全时当量实用新型和外观设计专利申请量从 1400.06 件上升至 2548.35 件；在创新影响效力方面，2020 年，单位能耗对应的利润总额为 10 389.23 万元 / 万吨标准煤，单位从业人员利润达到 12.90 万元 / 人，新产品销售收入占主营业务收入比例达到 41.11%，分别是 2012 年的 1.53 倍、2.10 倍和 1.52 倍。

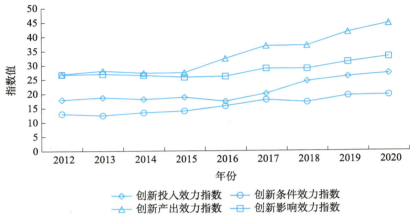

图 8-27　中国"专用设备制造业"创新效力演进

　　值得注意的是，2012～2020 年，中国"专用设备制造业"部分创新效力指数的相关指标呈现波动或下降态势。主要原因有以下几个方面。一是该行业对技术消化吸收重视不足。2012～2020 年，消化吸收经费与技术引进经费比例由 30.42% 下降至 6.8%。二是单位 R&D 经费产出的实用新型和外观设计专利申请量有所下降。2012～2020 年，每亿元 R&D 经费实用新型和外观设计专利申请量由 50.51 件下降至 47.62 件。三是创新影响效力相关指标经历波动。新产品出口与新产品销售收入比例和新产品开发支出与新产品销售收入比例基本持平，每万名 R&D 人员全时当量专利所有权转让及许可收入在经历 2016 年激增后，呈现下降态势，由 2012 年的 2013.22 万元下降至 2020 年的 770.55 万元。

　　与国际领先企业相比，中国"专用设备制造业"的创新实力还有待提升。从 R&D 经费内部支出看，2020 年卡特彼勒公司、迪尔公司、阿西布朗勃法瑞公司（又称 ABB 集团）的 R&D 经费内部支出分别为 92.57 亿元、107.56 亿元和 78.51 亿元，而 2020 年中国"专用设备制造业"的 R&D 经费内部支出为 1128.29 亿元。从专利申请授权量来看，2020 年卡特彼勒公司、迪尔公司、ABB 集团、斯伦贝谢公司的专利申请量分别为 5936 件、4643 件、2616 件和 7311 件，中国"专用设备制造业"的发明专利申请量为 18 050 件。

在创新效力方面，从 R&D 经费内部支出占主营业务收入比例和单位从业人员利润两个指标来看，中国"专用设备制造业"与国际知名企业相比，仍有一定差距。2020 年，迪尔公司和 ABB 集团的 R&D 经费内部支出占主营业务收入比例分别为 4.19% 和 4.20%，中国"专用设备制造业"的 R&D 经费内部支出占主营业务收入比例为 3.09%。2020 年，卡特彼勒公司、迪尔公司和 ABB 集团的单位从业人员利润为 40.97 万元 / 人、28.15 万元 / 人和 89.66 万元 / 人，中国"专用设备制造业"的单位从业人员利润为 12.90 万元 / 人 [①]。

二、创新发展指数演进

中国"专用设备制造业"创新发展指数呈现上升态势。2012～2020 年，该行业创新发展指数由 19.68 提高到 32.73，年均增速为 6.56%。其中，2017 年和 2019 年创新发展指数增长较为明显，分别同比增长 13.54%、11.01%，如图 8-28 所示。

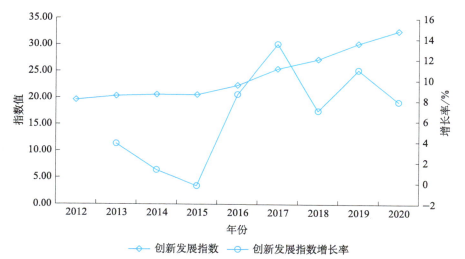

图 8-28 中国"专用设备制造业"创新发展指数及其增长率演进

---

① 资料来源：企业年报、《财富》中文网及其他公开资料。汇率根据中国人民银行 2020 年 12 月公布的数据折算。

2012～2020 年，中国"专用设备制造业"创新发展指数呈现上升态势，这主要得益于科技发展指数的大幅度提升，年均增速为 9.62%。与之相比，经济发展指数和环境发展指数上升速度较小，年均增速分别为 1.67% 和 7.30%，如图 8-29 所示。在科技发展方面，2020 年，单位主营业务收入发明专利申请数、单位主营业务收入实用新型和外观设计专利申请数和企业办研发机构人员数对应的有效发明专利数分别是 2012 年的 1.90 倍、1.62 倍和 3.65 倍。在经济发展方面，2012～2020 年，利润总额与主营业务收入比例由 7.64% 上升至 10.70%，单位从业人员主营业务收入从 80.25 万元 / 人增加至 120.56 万元 / 人，新产品（仅国际市场的新产品）销售收入占主营业务收入的比重由 2.1% 上升至 2.4%。在环境发展方面，2020 年，单位能耗对应的利润总额、单位氨氮排放量对应的利润总额和单位二氧化硫排放量对应的利润总额分别为 2012 年的 1.53 倍、1.75 倍和 42.39 倍，其中，单位二氧化硫排放量对应的利润总额实现突破性增长，从 1177.88 万元 / 吨增加到 49 931.89 万元 / 吨，增长率达到 4139.12%。

图 8-29　中国"专用设备制造业"创新发展指数具体指标演进

值得关注的是，2012～2020 年，中国"专用设备制造业"部分创新发展指数的相关指标有所下降。企业办研发机构人员数中博士占比从 2012 年的 1.41% 下降到 2020 年的 1.28%。在实现产品创新企业中有国际市场新产品的企业占比从 2012 年的 24.4% 上升至 2016 年的

26.3%，随后波动下降至 2020 年的 21.6%。

三、创新激励指数演进

2012～2020 年，中国"专用设备制造业"创新激励指数整体处于上升态势，由 9.31 上升至 22.18，年均增速为 11.47%。其中，2015 年、2017 年、2020 年创新激励指数增长较为明显，分别同比增长 7.99%、40.21% 和 42.58%，如图 8-30 所示。2012～2020 年，研究开发费用加计扣除减免税从 15.77 亿元上升至 65.24 亿元，高新技术企业减免税由 44.03 亿元上升至 96.44 亿元，R&D 经费内部支出中政府资金由 13.85 亿元上升至 25.65 亿元；2020 年，上述指标分别是 2012 年的 4.14 倍、2.19 倍和 1.85 倍，如图 8-31 所示。具体而言，研究开发费用加计扣除减免税在 2015 年、2017 年和 2019 年增长较为迅速，分别同比增长 29.90%、55.70% 和 45.01%；高新技术企业减免税在 2017 年、2020 年增长较为迅速，分别同比增长 48.64% 和 56.77%；R&D 经费内部支出中政府资金在 2018 年和 2020 年增长较为迅速，分别同比增长 29.48% 和 29.75%，如图 8-32 所示。

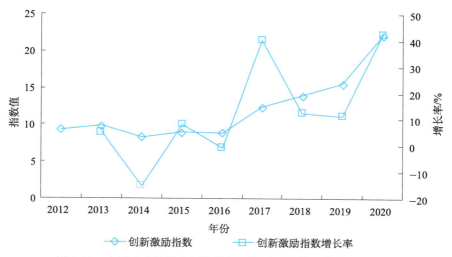

图 8-30 中国"专用设备制造业"创新激励指数及其增长率演进

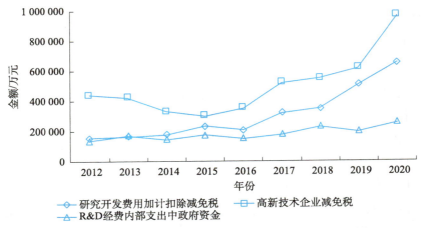

图 8-31 中国"专用设备制造业"创新激励指数具体指标演进

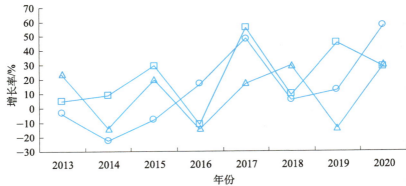

图 8-32 中国"专用设备制造业"创新激励指数具体指标增长率演进

 专栏：亿嘉和科技股份有限公司

　　亿嘉和科技股份有限公司（简称亿嘉和）于 1999 年成立，总部坐落在中国江苏省南京市。作为一家高新技术企业，亿嘉和在国内机器人领域是行业翘楚。亿嘉和的企业使命是"应用智能科技 改善人类生活"。

基于这一使命，它以创新驱动的方式打造了机器人研发、生产、销售及相关服务一体化的商业模式。亿嘉和主营巡检机器人和智能化服务，是目前国内唯一一家可以实现带电工作机器人量产的公司，其智能机器人工作范围涉及电力、消防、能源、交通、市政、石油石化等各个行业。亿嘉和是国内特种机器人领域的 A 股主板上市企业，也是该领域的龙头企业，入选"2021 年（第 28 批）新认定国家企业技术中心名单"。当前，亿嘉和依托我国南京、上海、深圳、广东松山湖、香港，以及新加坡、美国等地的全球化研发布局，正在逐步构建全球布局的系统化研发中心体系。

（一）华丽转身，开辟新赛道

亿嘉和的前身是上海古得通讯电子有限公司，主要从事电子网络设备如交换机等的贸易业务。在创立的前五年，亿嘉和与许多初创公司相似，尚未找好公司定位。2014 年是亿嘉和的历史拐点，公司引入了机器人研发团队，转型开展特种机器人业务，并由此正式锚定变电站巡检机器人领域。同年 11 月，机器人的研发成功和投入运行标志着亿嘉和正式进入机器人赛道。自 2014 年开启业务转型，亿嘉和的营收从 1.1 亿元飙升至 2021 年的 12.85 亿元，复合增长率达到 42.07%[①]。公司在 2015年改制为股份有限公司，截至 2021 年，亿嘉和归属于上市公司股东的净利润约 4.83 亿元，较当年增长约 46 倍[②]。2016 年，亿嘉和获批高新技术企业。亿嘉和在 2018 年成功上市，成为电力巡检机器人领域第一股。2021 年，亿嘉和成为第六批制造业单项冠军示范企业。亿嘉和的华丽转身离不开两个关键词——技术创新的驱动和管理团队的革新。

以引进机器人研发团队为第一步，亿嘉和高度重视技术创新，约35% 的员工从事研发，并推进以股权激励实现公司与员工利益捆绑的措施，进一步吸引和保留优秀人才。除已运营的南京总部、深圳和美国硅谷研发中心外，亿嘉和也正在加快布局全球化创新研发网络。截至 2021年底，公司研发投入已经超过 2 亿元，占据全年营收比例的 15.6%。

---

① 亿嘉和科技股份有限公司. 亿嘉和科技股份有限公司首次公开发行股票招股说明书. https://pdf.dfcfw.com/pdf/H2_AN201805281149976042_1.pdf.
② 亿嘉和科技股份有限公司. 2021 年年度报告. https://pdf.dfcfw.com/pdf/H2_AN2022 04271561991790_1.pdf?1651124965000.pdf.

目前公司拥有授权专利 195 项、软件著作权 110 项，在自主知识产权和核心技术方面都形成了成熟体系。管理团队的专业化也是亿嘉和的一大特点。亿嘉和深耕电力行业智能机器人业务，具备电力行业、机器人和人工智能知识背景的高级管理人才组成了亿嘉和的管理团队，这使得公司在开展针对性业务时，能够精准绑定如国家电网有限公司在内的电网企业销售渠道，在智能电网领域独占鳌头。2021 年，亿嘉和入选中国上市公司创新指数 500 强，排在第 67 位。先进的研发管理模式和体系运营，共同缔造出亿嘉和这一在特种机器人领域书写传奇故事的时代王者。

（二）专精特新"小巨人"企业

成功入选专精特新"小巨人"企业的亿嘉和，在专业化、精细化、特色化和新颖化上都是当之无愧的专精特新企业。亿嘉和自 2014 年转型进入电力行业，属于电力行业向智能电网转型的先行者，具有极强的先发优势。其主要为电力系统提供以数据采集处理为核心的智能巡检机器人产品和智能化服务，产品可以分为操作类机器人、巡检类机器人和消防机器人，实现在带电操作、无人运维、环境巡检和消防救火等场景中节省人力。同时，亿嘉和也围绕核心技术开拓创新，细分市场，针对电力、消防、石化、市政等行业场景，研发并提供全生命周期的机器人产品、服务和系统解决方案。2021 年，亿嘉和完善了技术基础平台建设，构建完成了机器人综合算法平台、机器人软硬件平台及机器人数据管理中心等，并进一步推进基于深度学习、组合导航的感知和定位技术的研发工作。2021 年 3 月，亿嘉和推出了集操作和巡检功能于一体的"羚羊 D200"智能操作机器人，这是我国首款在电力行业应用的智能操作机器人。

2022 年，公司在继续迭代现有技术基础之上，积极向新产品、新领域拓展。亿嘉和将在"羚羊 D200"的基础上进一步打造复合机器人，整合机器人本体技术和数据采集与处理技术，以及总结操作类、巡检类和消防机器人的共性关键技术。2022 年上半年，亿嘉和推出了设备健康度管理系统、智慧共享充电桩系统、立体巡视系统。同时，亿嘉和开始扩展特种机器人适用范围，提出了"机器人＋行业"的发展战略，将向轨道交通、公共事业、煤炭冶金等行业铺开版图，并提供定制化开发服务。2022 年 9 月，亿嘉和全资控股成立江苏智嘉网联科技有限公司，这说明其商业布局进一步扩展至智能车载设备制造与销售、电动汽车充电基础设施运营等方面。

亿嘉和深耕电力行业，利用电力行业转型发展的契机，持续进行电力产品的深度开发。该公司响应国家智能电网的发展政策，从传统人力过渡到机器替代的过程离不开技术创新和关键技术提升。亿嘉和分别从数据处理技术、机器人技术及其核心算法、功能部件技术方面实现突破，成功做到了智能化。亿嘉和以机器人技术、人工智能为核心的技术创新不仅服务于"十四五"期间国民经济与社会发展的需求，也将推动大型重工制造业企业的转型升级。

第五节 铁路、船舶、航空航天和其他运输设备制造业

一、创新能力指数演进

中国"铁路、船舶、航空航天和其他运输设备制造业"创新能力指数呈现稳步上升趋势，2012～2020年，该行业创新能力指数由13.59上升至23.88，年均增速为7.30%，特别地，2017年和2020年分别出现大幅上升，增长率分别为30.36%和17.34%。创新实力指数由7.14提高到12.76，年均增速为7.52%；创新效力指数由20.03提高到35.00，年均增速为7.23%，如图8-33所示。2020年，该行业R&D人员全时当量为79 597人年，R&D经费内部支出达到398.55亿元，发明专利申请量为11 749件，新产品销售收入为5952.89亿元。

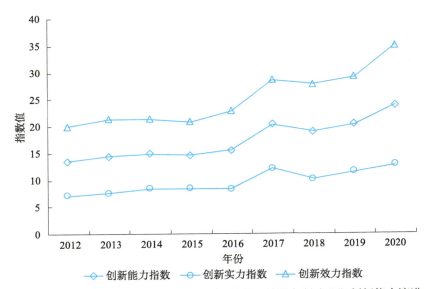

图 8-33　中国"铁路、船舶、航空航天和其他运输设备制造业"创新能力演进

中国"铁路、船舶、航空航天和其他运输设备制造业"创新实力指数稳步上升，2012～2020 年，其创新条件实力指数、创新产出实力指数、创新影响实力指数年均增速分别为 8.24%、6.74%、13.20%，与之形成对比的是，创新投入实力指数呈现先升后降的态势，年均增速为 −0.18%，如图 8-34 所示。在创新投入实力方面，该行业 R&D 经费内部支出由 2012 年的 318.81 亿元上升至 2020 年的 398.55 亿元，R&D 人员全时当量基本保持在 8 万～9 万人年；在创新条件实力方面，2020 年企业办研发机构仪器和设备原价、发明专利拥有量分别以 20.45%、24.87% 的年均增速达到了 2012 年水平的 4.43 倍、5.91 倍；在创新产出实力方面，2012～2020 年，发明专利申请量从 4267 件增长至 11 749 件，实用新型和外观设计专利申请量从 9229 件增长至 11 206 件；在创新影响实力方面，2020 年中国"铁路、船舶、航空航天和其他运输设备制造业"的专利所有权转让及许可收入以年均 20.45% 的速率迅速增长至 2012 年水平的 5.78 倍，新产品出口和新产品销售收入也均有小幅度的上升，2012～2020 年分别上升 8.82% 和 42.04%。

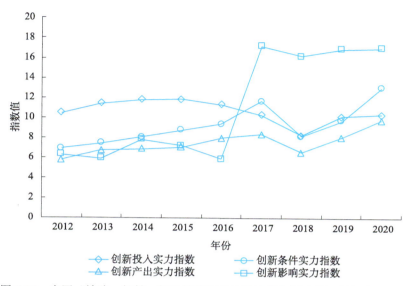

图 8-34　中国"铁路、船舶、航空航天和其他运输设备制造业"创新实力演进

值得注意的是，在创新投入实力方面，消化吸收经费以年均31.77%的速率迅速降低，从 2012 年的 4.00 亿元降至 2020 年的 0.19亿元；企业办研发机构数和企业办研发机构人员数呈现出起伏态势，均在 2017 年达到一个高峰，而后降低；同样地，利润总额在 2016 年达到峰值 884.22 亿元后持续走低，到 2020 年低至 535.58 亿元。

中国"铁路、船舶、航空航天和其他运输设备制造业"创新效力指数稳步上升，2012～2020 年，其创新投入效力指数、创新产出效力指数、创新影响效力指数年均增速分别为 4.91%、12.13%、1.90%，与之形成对比的，创新条件效力指数在 2018 年突然下跌 33.34%，而后迅速回升至 2018 年水平的 1.92 倍，如图 8-35 所示。在创新投入效力方面，2012～2020 年，R&D 人员全时当量占从业人员比例、R&D 经费内部支出占主营业务收入比例、有 R&D 活动的企业占全部企业比例分别稳步提升 40.52%、47.40%、69.45%；在创新条件效力方面，单位企业办研发机构数对应的企业办研发机构仪器和设备原价从 2012 年的 1941.80 万元 / 个提升至 2020 年的 7928.00 万元 / 个，类似地，单位企业办研发机构人员数对应的企业办研发机构仪器和设备原价上涨了

3.04 倍，2020 年企均有效发明专利数更是大幅上升到 2012 年水平的 7.87 倍，设立研发机构的企业占全部企业的比例也从 2012 年的 40.04% 稳步上升至 2020 年的 53.45%；在创新产出效力方面，2020 年每万名 R&D 人员全时当量发明专利申请数和每亿元 R&D 经费发明专利申请量分别高速增长至 2012 年水平的 2.91 倍、2.20 倍，年均速率分别为 14.27%、10.37%，与之形成对比的，2020 年每万名 R&D 人员全时当量实用新型和外观设计专利申请量和每亿元 R&D 经费实用新型和外观设计专利申请量分别与 2012 年水平相比分别只有微弱的增长（0.28%）和下降（-2.87%）；在创新影响效力方面，2020 年单位能耗对应的利润总额达到 6278.78 万元 / 万吨标准煤，单位从业人员利润达 5.57 万元 / 人，新产品开发支出与新产品销售收入比例基本与 2012 年持平，每万名 R&D 人员全时当量专利所有权转让及许可收入以 25.37% 的年均增速上升至 2913.64 万元。

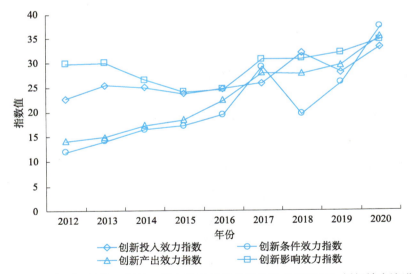

图 8-35　中国"铁路、船舶、航空航天和其他运输设备制造业"创新效力演进

　　值得注意的是，中国"铁路、船舶、航空航天和其他运输设备制造业"创新效力部分指标有大幅下降态势。主要原因有以下几个方面。一是该行业对技术消化吸收重视程度不足，消化吸收经费与技术引进

经费比例从 2012 年的 44.47% 持续大幅下降至 2020 年的 1.16%；二是新产品出口与新产品销售收入比例在 2012～2020 年下降了 24.49%，新产品出口增长速度远低于整体新产品销售收入的增长速度。

与国际领先企业相比，中国"铁路、船舶、航空航天和其他运输设备制造业"的创新实力还有较大差距。从 R&D 经费内部支出看，2020 年波音公司、空中客车公司、雷神技术公司分别为 161.98 亿元、187.11 亿元和 168.92 亿元，而 2020 年中国"铁路、船舶、航空航天和其他运输设备制造业"整个行业仅为 398.55 亿元；从发明专利拥有量看，中国"铁路、船舶、航空航天和其他运输设备制造业"为 31 677 件，波音公司为 10 897 件，空客公司为 9741 件，两个公司的专利拥有量之和就已接近中国整个行业拥有量的 2/3。

从创新效力角度出发，中国"铁路、船舶、航空航天和其他运输设备制造业"在单位从业人员利润和 R&D 经费内部支出占主营业务收入比例两项指标上与国际领先企业相比，差距较大。2020 年，世界知名航空运输公司空中客车公司和雷神技术公司的单位从业人员利润分别为 7.39 万元/人和 14.89 万/人，与之形成对比的是，中国铁路工程集团有限公司的单位从业人员利润仅为 3.32 万元/人；就 R&D 经费内部支出占主营业务收入比例而言，波音公司、空中客车公司、雷神技术公司分别为 3.234%、3.626% 和 3.351%，与中国该行业该指标的总体水平持平，特别地，中国铁路工程集团有限公司仅为 2.71%[①]。

二、创新发展指数演进

中国"铁路、船舶、航空航天和其他运输设备制造业"创新发展指数呈现波动上升的态势。2012～2020 年，该行业创新发展指数由

---

① 资料来源为企业年报、《财富》中文网及其他公开资料。汇率根据中国人民银行 2020 年 12 月公布的数据折算。

16.63 上升至 28.67，其中 2016 年和 2017 年创新发展指数增长较为突出，增长率分别达到 10.09% 和 22.04%，如图 8-36 所示。

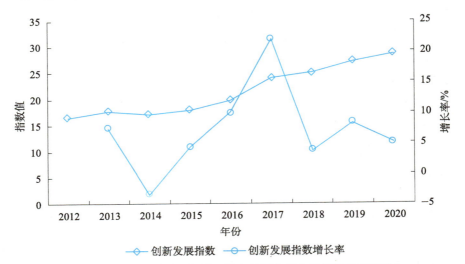

图 8-36　中国"铁路、船舶、航空航天和其他运输设备制造业"
创新发展指数及其增长率演进

2012～2020 年，中国"铁路、船舶、航空航天和其他运输设备制造业"创新发展指数的上升，得益于科技发展指数的飞速上升，2020 年的科技发展指数为 2012 年的 3.33 倍，年均增速 16.23%；形成对比的是，2020 年经济发展指数和环境发展指数分别为 2012 年的 0.96 倍和 1.01 倍，如图 8-37 所示。在科技发展方面，"铁路、船舶、航空航天和其他运输设备制造业"的企业办研发机构人员数中博士占比从 2012 年的 0.71%，稳步上升至 2020 年的 0.95%，2020 年单位主营业务收入发明专利申请数和实用新型和外观设计专利申请数分别为 2012 年水平的 3.25 倍和 2.01 倍，企业办研发机构人员数对应的有效发明专利数更是以 23.45% 的年均增速快速增长 4.39 倍。在经济发展方面，单位从业人员主营业务收入从 2012 年的 85.04 万元 / 人增长至 2020 年的 107.01 万元 / 人，新产品（仅国际市场的新产品）销售收入占主营业务收入的比重一直维持在 6% 的水平。在环境发展方面，单位二氧化硫排放量对应的利润总额从 2012 年的 3273.71 万元 / 吨，以 9.37% 的年均增速，上升至 2020 年的 6703.13 万元 / 吨。

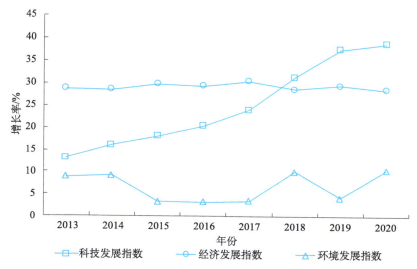

图 8-37　中国"铁路、船舶、航空航天和其他运输设备制造业"
创新发展指数具体指标演进

值得注意的是，中国"铁路、船舶、航空航天和其他运输设备制造业"的利润总额与主营业务收入比例有较大起伏的下降，2020 年为 2012 年的 0.88 倍。同样地，在实现产品创新企业中有国际市场新产品的企业占比从 2012 年的 23.7% 上升至 2016 年的 25.7%，随后迅速下降至 2020 年的 21.3%，仅为 2012 年水平的 0.9 倍。此外，单位能耗对应的利润总额有一个非常大的起伏变化过程，从 2012 年的 6222.55 万元 / 万吨标准煤，下降至 2015 年的 2036.79 万元 / 万吨标准煤，又迅速回升至 2020 年的 6278.78 万元 / 万吨标准煤；与单位二氧化硫排放量对应的利润总额大幅度上升形成鲜明对比的，是单位氨氮排放量对应的利润总额的大幅度下降，2020 年的单位氨氮排放量对应的利润总额仅为 2012 年的 0.69 倍。

三、创新激励指数演进

中国"铁路、船舶、航空航天和其他运输设备制造业"创新激励指数较为波动,从 2012 年的 17.44,上升至 2015 年的 25.82,接而快速下降到 2018 年的 17.02,在 2020 年才回调到 23.01,2012~2020 年年均增速仅 3.53%,其中,2018 年的下降速率为 29.25%,2019 年的增长速率回升到 25.27%,如图 8-38 所示。2012~2020 年,研究开发费用加计扣除减免税由 10.73 亿元上升至 35.45 亿元,高新技术企业减免税由 21.44 亿元增长至 38.44 亿元,R&D 经费内部支出中政府资金由 76.38 亿元经历大幅波动至 83.83 亿元,这也是造成该行业创新激励指数剧烈起伏的主要原因,如图 8-39 所示。具体来看,研究开发费用加计扣除减免税年均增速高达 16.11%,高新技术企业减免税 2012~2014 年均增速为 17.60%,2015~2020 年均增速降至 0.31%,R&D 经费内部支出中政府资金在 2018 年同比下降 36.07%,在 2019 年同比增长 30.01%,如图 8-40 所示。

图 8-38　中国"铁路、船舶、航空航天和其他运输设备制造业"
创新激励指数及其增长率演进

图 8-39　中国"铁路、船舶、航空航天和其他运输设备制造业"
创新激励指数具体指标演进

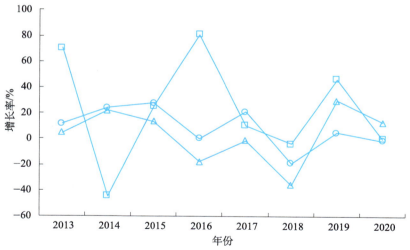

图 8-40　中国"铁路、船舶、航空航天和其他运输设备制造业"
创新激励指数具体指标增长率演进

专栏：广东华铁通达高铁装备设备股份有限公司

广东华铁通达高铁装备设备股份有限公司（简称华铁股份）成立于 1992 年[①]，于 2000 年登陆深圳证券交易所主板（股票代码 000976）。2016 年收购轨道交通核心设备供应商青岛亚通达铁路设备有限公司，正式进入轨道交通零部件市场，完成企业的正式转型。2019 年收购山东嘉泰建设集团有限公司，全面涉足轨道交通（简称轨交）座椅领域，进一步构建轨交产业平台。2021 年实现营业收入 19.89 亿元，主营轨交业务收入 19.81 亿元的[②]华铁股份响应国家交通强国战略，把握全球轨道交通发展脉络，以高效、安全、便捷出行为目标，夯实基础，高标准、严要求布局产业链协同发展，致力于打造全球"轨交零部件产业大平台"，立志于成为全球化轨道交通精良配件制造商及轨交车辆核心零部件重要供应商。

（一）蛟龙出海，开拓前行，华铁股份积极开拓国际市场

当前中国铁路基建发展步入加速期——轨交车辆装备加快"走出去"步伐，"碳达峰、碳中和"的低碳减排要求，"交通强国战略"的全面推进，"自主创新"指引的技术升级及"智能化数字化"带来的行业空间，成为现代综合交通运输体系中轨道交通发展的五大重要引擎。宏观政策引导下，华铁股份以成为"国际化的轨道交通车辆核心零部件平台型企业集团"为战略目标，2021 年积极开拓国际市场，承接多个海外项目。华铁股份特别设立国际业务部，接轨国际知名企业集团，跟进整车制造海外项目。2021 年，蓄电池业务顺利完成智利电力动车组（EMU）项目；地板布业务全面覆盖芝加哥地铁、智利阿拉米达兰卡项目；铁路座椅业务更是承接了阿联酋、智利、中老铁路、印尼雅万等地的项目，直接打通国外市场。其中，自中国提出共建"一带一路"倡议后，标志着中老人民友谊、首条全线采用中国技术标准、以中国为主投

---

① 参见：华铁股份官网企业介绍 . https://huatie-railway.com/index/article/index/cid/1.html#qiye.

② 华经产业研究院 . 2022-12-01. 2021 年华铁股份（000976）总资产、总负债、营业收入、营业成本及净利润统计 . https://bbs.csdn.net/topics/609907502.

资建设、与中国铁路网直联的中老昆万铁路项目更是意义非凡。2022 年 4 月，首批中老铁路"澜沧号"商务座椅成功交付。华铁股份为此设计了 25 种以上的整套椅型，历经数月绘制工艺图纸及编写文件技术资料，建立了百余种的座椅机构库，成功响应客户的针对性需求。2022 年一季度，华铁股份实现营业收入 2.84 亿元，归母净利润同比增长 11.01%[①]。未来，华铁股份围绕"提高研发投入、加快产品认证、强化路局合作、拓展非铁业务、强化平台整合、强化集团化资金管控"六大方面，做到"六个进一步"，立志成为全球轨道交通核心装备综合服务商。

（二）义利共济，行稳致远，华铁股份勇担 ESG 社会责任

为实现"双碳"目标，轨道交通以轻量化为基本理念，要求在性能及安全性保持相同水平的前提条件下，最大化降低列车组重量，从而实现增加动力、减少能耗，达到节能减排的终极目的。作为轨交装备零部件龙头企业的华铁股份牢记使命，在环境责任、社会责任、公司治理三大责任领域积极履责。华铁股份将绿色发展理念贯穿产品研发、生产、制造、销售、应用、回收全生命周期，尝试新材料、乐于打造新设备、积极创新技术，不断在给水卫生系统、座椅系统、撒砂装置等产品中取得突破，获得国内外广泛认可。同时华铁股份积极开展产学研合作，与中南大学签订技术研发合作协议，为蓄电池智能化、列车平稳运行保驾护航。该项管理系统研发成果将使动车组用蓄电池的健康管理纳入工业互联网体系。华铁股份环境、社会和公司治理（ESG）报告显示：所有子公司均通过 ISO14001 环境管理体系认证，未发生重大污染事故；严格按照 ISO9001 质量管理体系要求，制订与各产品功能、特性相对应的质量管控计划。当前，我国铁路电气化率已达 70%，且依托可再生能源的电力资源占比持续走高，高铁线路的"碳足迹"将越来越少[②]。未来，华铁股份将携手价值链伙伴，秉持高标准、严要求，打造国际化的轨交核心零部件产业大平台。

---

① 华铁股份 . 2022-04-30. 华铁股份第一季度报告 . http://file.finance.sina.com.cn/ 211.154.219.97:9494/MRGG/CNSESZ_STOCK/2022/2022-4/2022-04-30/8176137.PDF.
② 华铁股份 .2022-04-30. 义利共济，行稳致远，华铁股份发布首份 ESG 社会责任报告 . https://huatie-railway.com/index/article/show/cid/28/id/367.html.

（三）深度布局，强化创新，华铁股份完善轨交全产业链

华铁股份拥有近 20 年的轨道交通行业基因，始终坚持走创新研发的技术路线，让高铁出行更加便捷，使世界自由连通、往来畅达。作为现阶段中国轨交产品种类最为全面的公司，华铁股份能够自主研发生产十余种轨交装备零部件，包括但不限于检修系统、贸易配件、制动闸片等。根据《华铁股份 2021 年度财务报告》，2021 年度收入排名前三的产品为高铁座椅、给水卫生系统及配件、辅助电源系统及配件，分别实现收入 6.68 亿元、4.38 亿元、3.71 亿元，市占率均已在 50% 以上。在新车型应用上，智能动车组、高寒动车组、高速磁悬浮、智能城际列车等持续领跑，辅线产品、辅助供风、气液缓冲器等项目持续发力，进入运行考核，轨交新造市场及维修后市场不断扩容打开盈利空间。公开信息显示，截至 2021 年 9 月，华铁股份筹划收购青岛兆盈轨道交通设备有限公司 76% 股权[①]，从而间接控制全球知名轨交轮轴、轮对制造商德国 BVV（BVV Bahntechnik GmbH）集团，全面提高轨道交通核心零部件领域核心竞争力。自此，我国打破了高铁轮对制造领域掣肘于意大利智奇公司的尴尬局面。未来，华铁股份将结合行业发展逻辑，汲取行业巨头的发展经验，继续专注产品创新及应用拓展，为新型复兴号智能动车、京张京雄智能动车组以及时速 600 公里的磁悬浮列车设计多款车用产品，并进一步拓展完善在轨道交通业务领域的产业布局，打造集合多种产品的"国际化轨道交通零部件产业大平台"。

第六节　医药制造业

一、创新能力指数演进

中国"医药制造业"创新能力指数呈现上升态势。2012～2020 年，

---

① 华铁股份. 轨交业务提升盈利空间 华铁股份上半年实现净利 2.34 亿元 同比增长 36.37%. 2021-09-06. https://huatie-railway.com/index/article/show/cid/28/id/353.html.

该行业创新能力指数由 14.94 上升至 23.21，年均增速为 5.66%；创新实力指数由 8.06 上升至 17.44，年均增速为 10.12%；创新效力指数由 21.81 提高至 28.97，年均增速为 3.61%，如图 8-41 所示。2020 年，该行业 R&D 人员全时当量为 86 672 人年，R&D 经费内部支出达到 591.34 亿元，发明专利申请量为 9322 件，新产品销售收入为 6130.00 亿元。

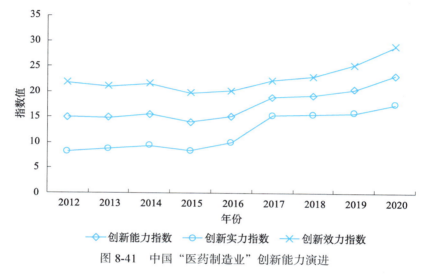

图 8-41　中国"医药制造业"创新能力演进

中国"医药制造业"创新实力指数稳步上升。2012~2020 年，其创新投入实力指数、创新条件实力指数、创新产出实力指数平稳增长，年均增速分别为 4.88%、6.96%、5.21%；特别地，创新影响实力指数在 2017 年出现大幅增长，同比增长 152.25%，如图 8-42 所示。在创新投入实力方面，2020 年 R&D 人员全时当量和 R&D 经费内部支出分别是 2012 年水平的 1.06 倍和 2.75 倍；在创新条件实力方面，2012~2020 年，企业办研发机构仪器和设备原价由 132.64 亿元增加到 458.81 亿元，年均增速为 16.78%，企业办研发机构数由 1134 个增加到 1446 个，发明专利拥有量由 10 073 件增加到 34 068 件，年均增速为 16.45%，企业办研发机构人员数由 78 845 人增加到 116 745 人；在创新产出实力方面，2012~2020 年，发明专利申请量由 5712 件增加到 9322 件，实用新型和外观设计专利申请量由 3868 件增加到 5071

件；在创新影响实力方面，2020 年专利所有权转让及许可收入达 6.57
亿元，在 2017 年有一个高达 411.16% 的同比增长，此外，利润总额达
2944.88 亿元，新产品出口达 699.86 亿元，新产品销售收入达 6130.00
亿元，分别是 2012 年水平的 2.27 倍、2.69 倍和 2.50 倍。

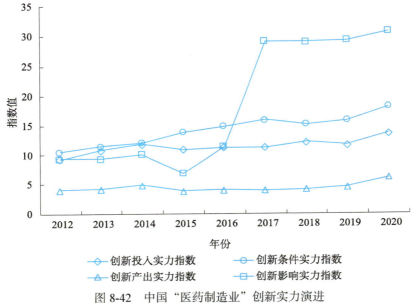

图 8-42　中国"医药制造业"创新实力演进

值得关注的是，中国"医药制造业"消化吸收经费从 2012 年的
5.14 亿元增长至 2014 年的 6.74 亿元，而后持续走低，降至 2020 年的
2.62 亿元，仅为 2012 年水平的 51.01%。

中国"医药制造业"创新效力指数有较小波动，但总体呈现缓慢
上升趋势。2012～2020 年，其创新投入效力指数、创新条件效力指
数和创新影响效力指数均呈现出上升趋势，年均增速分别为 5.17%、
6.74% 和 4.79%；与之形成对比的是，2020 年"医药制造业"创新产
出效力指数以年均 1.65% 的速率下降至 2012 年的 88%，如图 8-43 所
示。在创新投入效力方面，2020 年，R&D 人员全时当量占从业人员
比例达到 6.38%，R&D 经费内部支出占主营业务收入比例达到 3.40%，
有 R&D 活动的企业占全部企业比例达到 80.68%，分别是 2010 年的

1.12 倍、1.75 倍和 1.25 倍；在创新条件效力方面，2020 年单位企业办研发机构数对应的企业办研发机构仪器和设备原价为 3172.27 万元 / 个，单位企业办研发机构人员数对应的企业办研发机构仪器和设备原价达39.30 万元 / 人，企均有效发明专利数达 21.80 件，均以超过 10% 的年均增速迅速扩大，设立研发机构的企业占全部企业的比例增长得较为缓慢，年均增速为 0.86%；在创新产出效力方面，2020 年每万名 R&D人员全时当量发明专利申请数以及每万名 R&D 人员全时当量实用新型和外观设计专利申请量分别增长至 1075.55 件和 585.08 件，分别是2012 年水平的 1.54 倍和 1.24 倍；在创新影响效力方面，单位能耗对应的利润总额达到 13 652.50 万元 / 万吨标准煤，新产品出口与新产品销售收入比例达 11.42%，新产品开发支出与新产品销售收入比例达到10.76%，新产品销售收入占主营业务收入比例达到 35.24%，分别是2010 年的 1.68 倍、1.07 倍、1.13 倍和 1.59 倍，单位从业人员利润和每万名 R&D 人员全时当量专利所有权转让及许可收入分别以 11.64%、17.81% 的年均增速达到了 21.91 万元和 7576.15 万元。

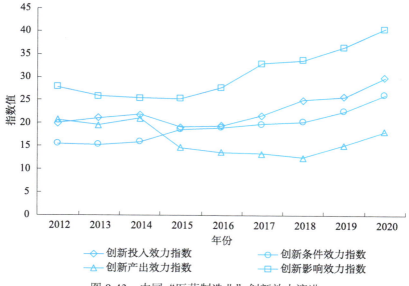

图 8-43　中国"医药制造业"创新效力演进

值得注意的是，中国"医药制造业"部分创新效力指数的相关指标呈现下降趋势，主要原因有如下几个方面：一是指标消化吸收经费与技术引进经费比例波动较大，从 2012 年的 99.28% 上升至 2014 年的 167.54%，而后迅速走低，一直跌至 2020 年的 39.79%；二是 2020 年每亿元 R&D 经费发明专利申请量和每亿元 R&D 经费实用新型和外观设计专利申请量分别跌至 2012 年水平的 59% 和 48%。

　　与国际领先企业相比，中国"医药制造业"的创新实力还是有较大差距。从研发经费支出看，默沙东公司、强生公司、诺华集团和辉瑞公司 2020 年分别为 876.47 亿元、807.31 亿元、556.10 亿元和 851.09 亿元，而中国"医药制造业"整个行业 2020 年仅为 591.34 亿元；从利润角度看，强生公司、诺华集团、罗氏公司和辉瑞公司 2020 年利润总额分别为 989.13 亿元、767.54 亿元、878.61 亿元和 1064.63 亿元，形成对比的，中国"医药制造业"利润总额为 2974.88 亿元。

　　从创新效力的角度出发，中国"医药制造业"在单位从业人员利润和 R&D 经费内部支出占主营业务收入比例两项指标上与国际领先企业相比，差距较大。2020 年，世界知名医药企业默沙东公司、强生公司、诺华集团、罗氏公司、辉瑞公司对应的单位从业人员利润分别为 90.69 万元 / 人、74.82 万元 / 人、73.86 万元 / 人、89.90 万元 / 人和 123.57 万元 / 人，均远高于中国"医药制造业"的单位从业人员利润（21.91 万元 / 人）；相应地，默沙东公司、强生公司、诺华集团、罗氏公司、辉瑞公司的 R&D 经费内部支出占主营业务收入比例依次为 28.60%、15.04%、16.84%、20.51% 和 18.17%，分别是中国"医药制造业"（3.40%）的 8.41 倍、4.42 倍、4.95 倍、6.03 倍和 5.35 倍[1]。

① 资料来源：企业年报、《财富》中文网及其他公开资料。汇率根据中国人民银行 2020 年 12 月公布的数据折算。

二、创新发展指数演进

中国"医药制造业"创新发展指数整体来看稳步上升。2012～2020 年，该行业创新发展指数由 21.95 提升至 29.81，年均增速达 3.90%。其中，2016 年、2017 年和 2020 年的增长率分别达 6.96%、6.48% 和 9.11%，如图 8-44 所示。

图 8-44　中国"医药制造业"创新发展指数及其增长率演进

2012～2020 年，主要受其环境发展指数以 6.94% 的年均增速大幅度提升的影响，中国"医药制造业"创新发展指数稳步上升，形成对比的是科技发展指数和经济发展指数的年均增速分别为 3.11% 和 3.54%，如图 8-45 所示。在科技发展方面，中国"医药制造业"企业办研发人员数中博士占比相较于其他行业处于高位上；企业办研发机构人员数对应的有效发明专利数也以 10.88% 的年均增速高速增长，2020 年达到了 2012 年的 2.22 倍。在经济发展方面，2020 年"医药制造业"利润总额与主营业务收入比例和单位从业人员主营业务收入分别达到了 2012 年水平的 1.44 倍和 1.67 倍，新产品（仅国际市场的新产品）销售收入占主营业务收入的比重以年均 10.50% 的增速从 2012 年 0.9% 的水平增长至 2020 年的 2%。在环境发展方面，2020 年单位能耗对应的利润总额达到了 2012 年的 1.68 倍，单位氨氮排放量对应的利润总额和单位二氧化硫排放量对应的利润总额更是分别达到了 2012 年的 11.78 倍和 13.64 倍，年均增速分别为 36.11% 和 38.63%。

图 8-45　中国"医药制造业"创新发展指数具体指标

值得注意的是，单位主营业务收入发明专利申请数有较大的波动，从 2012 年的 0.52 件 / 万元下降到 2016 年的 0.32 件 / 万元，再回调至 2020 年的 0.54 件 / 万元；同样地，单位主营业务收入实用新型和外观设计专利申请数从 2012 年的 0.87 件 / 万元下降至 2016 年的 0.51 件 / 万元，此后数年内又回涨到 2020 年的 0.83 件 / 万元。在新产品（仅国际市场的新产品）销售收入占主营业务收入的比重大幅上涨的同时，2020 年在实现产品创新企业中有国际市场新产品的企业占比仅为 2012 年水平的 87%，经历了较大起伏。

三、创新激励指数演进

2012～2020 年，中国"医药制造业"创新激励指数波动上升，由 9.54 提升至 28.30，年均增速达 14.55%，尤其在 2013 年、2016 年和 2019 年其增长率分别高达 17.72%、26.03% 和 30.77%，如图 8-46 所示。2012～2020 年，研究开发费用加计扣除减免税由 11.55 亿元大幅上升至 83.52 亿元，年均增速达 28.06%，高新技术企业减免税由 48.75 亿元上升至 148.55 亿元，R&D 经费内部支出中政府资金由 13.90 亿元上升至 15.13 亿元，其中 2019 年达到了 23.95 亿元的高峰，如图 8-47 所示。具体而言，研究开发费用加计扣除减免税在 2016 年、2018 年和 2019 年增长较快，分别同比增长 43.23%，46.11% 和 74.27%；高新技术企业减免税在 2015 年和 2016 年的增长率分别高达 22.85% 和 28.71%；R&D 经费内部支出中政府资金在 2014 年、2017 年和 2020 年均出现了同比下降，分别下降 3.95%、11.36% 和 36.79%，整体波动较大，如图 8-48 所示。

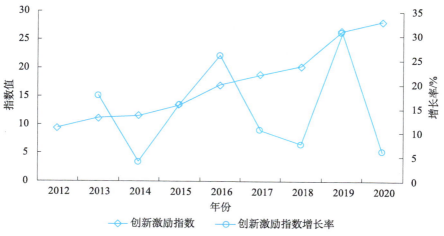

图 8-46 中国"医药制造业"创新激励指数及其增长率演进

图 8-47　中国"医药制造业"创新激励指数具体指标演进

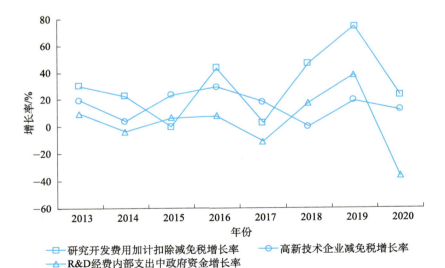

图 8-48　中国"医药制造业"创新激励指数具体指标增长率演进

专栏：重庆智飞生物制品股份有限公司

重庆智飞生物制品股份有限公司（简称智飞生物）成立于2002年，注册资金达16亿元[①]，于2010年在深圳证券交易所挂牌上市，成为我国首家在创业板上市的民营疫苗企业。智飞生物二十多年来深耕疫苗产品行业，致力于打造全产业链高科技生物制药企业，曾入选"中国医药行业成长50强""中国民营上市公司高质量发展30强"，并于2022年入选《财富》中国500强排行榜、中国制造业民营企业500强榜单、全球疫苗公司TOP10榜单。智飞生物的稳步发展与成就，离不开其"技术+市场"的双轮互促模式和创新驱动力量。

（一）筑基固本，凝聚自研创新核心力

秉持着"成为我国疫苗行业的龙头企业"的战略目标，智飞生物始终将提升研发与生产水平作为其发展要旨，2003年即于北京建立自主研发生产基地。在发展初期，为了尽快开拓市场、扩大和巩固客户群体，智飞生物主要依靠买断代理业务获利，2007年，代理业务占公司毛利总额的比例一度达到98.91%[②]，而这一指标随着公司研发团队的逐步成熟和2008年自主产品"AC多糖结合疫苗""ACYW135群脑膜炎球菌多糖疫苗"的研发上市不断回落。根据智飞生物2010年首次公开发行股票招股意向书，截至2010年上半年，代理业务占营收比例降至40.11%，这一跨度展现出智飞生物强化自主科创能力的决心，也显示着其代理业务与自主业务长期共存携行的趋势。

2010年上市之后，智飞生物即以"市场化导向、技术领先导向"作为立项原则，坚持自主创新的发展战略，先后参与了科学技术部"863计划"、科学技术部重大新药创制、国家新药创制重大专项等20项

---

① 参见：重庆智飞生物制品股份有限公司官网信息，网址：http://www.zhifeishengwu. com/about/zfgk/.

② 重庆智飞生物制品股份有限公司. 2010-09-03. 重庆智飞生物制品股份有限公司首次公开发行股票并在创业板上市招股意向书. https://vip.stock.finance.sina.com.cn/corp/view/ vISSUE_RaiseExplanationDetail.php?stockid=300122&id=604870.

国家级、省部级项目。智飞生物在深耕创新研发和竞争力构建上彰显其决心，其研发投入稳定增长。根据智飞生物2022年半年度报告，2022年上半年度智飞生物R&D投入已达到5.18亿元，相当于公司自主产品销售收入的31%，研发团队也由2010年的77人扩大至2022年的647人，筑巢引凤，择才养才，智飞生物多年来坚持以人才与基金双驱推动公司自主研发能力的提升，同时以"项目责任制"和"模块化管理"强化质量与绩效控制，实现公司的可持续优质成长。

十余年来，通过打造多元丰富的研发平台和深入布局三大研产基地（智飞绿竹、智飞龙科马、智睿生物医药产业园），智飞生物的综合研发创新力、创新成果转化力稳步提升，覆盖多种疫苗开发路径。根据智飞生物2021年年报，截至2022年4月，智飞生物共计获得专利31项、自主研发项目29项，体系性、前瞻性的产品矩阵布局初具规模。2020年国内新型冠状病毒疫情暴发之初，智飞生物即第一时间启动了疫苗研发工作，与中国科学院微生物研究所展开合作，产品智克威得（重组新型冠状病毒蛋白疫苗）于2020年6月启动临床试验，于2021年3月被纳入紧急使用清单，并在后续作为序贯加强针获批上市，接种民众超1亿人，智飞生物在此过程中表现出的反应力和研发能力正是其十年磨剑、累日为功的创新实力的体现。

（二）提质增效，锻造市场长期价值链

在着眼创新能力提升的同时，智飞生物也注重推进市场营销，使创新成果与市场销售互促互补，推进研发成果的价值转化，打造"技术＋市场"的双轮驱动发展模式。智飞生物坚持"社会效益第一，企业效益第二"的企业宗旨，基于人用疫苗产业的防护性、切身性和国民性所带来的企业社会责任要求，通过打造优质、合规、负责的智飞文化与"构筑民众免疫保障"的布局，构建良好企业形象和品牌公信力，培植适宜企业创新发展生态的市场土壤。

智飞生物多年打造深入终端的专业销售队伍，应用企业资源计划（Enterprise Resource Planning，ERP）客户管理系统，高效推进研发成果的市场导入。根据智飞生物2021年年报，目前智飞生物的营销网络已覆盖31个省、自治区、直辖市，300余个地市，以及30 000多个基层

卫生服务点。一方面，这有助于智飞生物及时精准把握市场动向，使疫苗创新紧跟社会趋势与需求前景。例如，2009 年面对国内 ACYW135 群脑膜炎球菌多糖疫苗市场需求旺盛的局面，智飞生物立即集中产能推进相关疫苗的研产销，公司相关疫苗产品于该年达到 53.11% 的市场占有率[①]；而 2010 年时，智飞生物又及时评估市场趋势，放缓了水痘疫苗等 2 个项目的研发进度。另一方面，营销网络的搭建利于挖探与创造市场需求。多年来，智飞生物通过学术交流、知识普及等综合性创新推广手段，不断提升民众对二级疫苗的理解与预防接种意识，并使研发产品取信于购买者，创新成果更易得到推广。

以创新为发展赋能，用质量为行程形成护航，智飞生物在坚守初心、追求优质的过程中，不断凝结商誉和品牌力等长期公司价值。在经营端，智飞生物打造"预防—监控—惩处"的一体化合规管控体系；在产销端，通过制定落实 GMP 自检管理制度、GSP 规范配套管理文件，智飞生物不断完善质量管理制度，并投入建设信息化、智能化的仓储体系和现代物流，实现疫苗全生命周期质量控制。2022 年，智飞生物与多国临床中心合作展开试验，产品智威德克的安全性和有效性得到国际顶级医学学术期刊的承认[②]，正是对卓越与核心价值的追求，使得智飞生物不断获得认可、走向世界。

精研智造，引领创新。智飞生物始终坚持将企业效益与社会责任相融合，不断强化研发优势、渠道优势、创新优势，实现主营业务的持续增长、发展效益的稳步提升。根据智飞生物 2022 年半年度报告，2022 年上半年，公司实现营业收入 183.54 亿元，较上年同期增长 39.34%，合并总资产达 346.81 亿元，较上年同期扩大约 45.02%，显示出公司较强劲的持续成长能力。智飞生物将继续向着打造国际一流的民族品牌生物医疗领军企业的目标不断前进。

① 重庆智飞生物制品股份有限公司 . 2010-09-03. 重庆智飞生物制品股份有限公司首次公开发行股票并在创业板上市招股意向书 . https://vip.stock.finance.sina.com.cn/corp/view/vISSUE_RaiseExplanationDetail.php?stockid=300122&id=604870.
② Dai L P, Gao L D, Tao L F, et al. 2022. Efficacy and safety of the RBD-dimer-based Covid-19 vaccine ZF2001 in adults. New England Journal of Medicine, 386: 2097-2111.

第七节　仪器仪表制造业

一、创新能力指数演进

中国"仪器仪表制造业"创新能力指数呈现稳步上升态势。2012～2020 年，中国该行业创新能力指数由 14.54 提高到 21.83，年均增速为 5.21%；创新实力指数由 3.63 提高到 5.13，年均增速为 4.40%；创新效力指数由 25.46 提高到 38.54，年均增速为 5.32%，如图 8-49 所示。2020 年，该行业 R&D 人员全时当量为 45 953 人年，R&D 经费内部支出达到 165.84 亿元，发明专利申请量为 7024 件，新产品销售收入为 1637.85 亿元。

图 8-49　中国"仪器仪表制造业"创新能力演进

2012～2020 年，中国"仪器仪表制造业"创新实力指数缓慢上升。这主要得益于该行业创新产出实力指数的提升，其年均增速为 8.74%。

与之相比，创新投入实力指数和创新条件实力指数上升幅度较小，年均增速分别为 4.07% 和 3.04%，与此同时，创新影响实力指数小幅下降，年均增速为 -1.5%，如图 8-50 所示。在创新投入实力方面，2020年，R&D 人员全时当量和 R&D 经费内部支出分别是 2012 年的 1.16 倍和 2.03 倍。在创新条件实力方面，2012～2020 年，企业办研发机构数由 567 个增加到 632 个，发明专利拥有量由 4445 件增加到 17 346 件，企业办研发机构人员数由 43 130 人增加到 54 215 人。在创新产出实力方面，2012～2020 年，发明专利申请量由 2661 件增加到 7024 件，实用新型和外观设计专利申请量由 5540 件增加到 9041 件。在创新影响实力方面，2020 年利润总额达到 527.71 亿元，新产品销售收入达到 1637.85 亿元，分别是 2012 年的 1.50 倍和 1.56 倍。

值得关注的是，2012～2020 年，中国"仪器仪表制造业"在技术消化吸收上投入不足，消化吸收经费由 0.66 亿元下降至 0.55 亿元。企业办研发机构仪器和设备原价由 54.74 亿元下降至 52.14 亿元。此外，中国该行业的专利价值波动较大，有待稳定提升，专利所有权转让及许可收入在 2012 年为 124 917 万元，在 2015 年下降至 9 万元，在 2017 年再次上升至 662 万元。

图 8-50　中国"仪器仪表制造业"创新实力演进

2012～2020 年，中国"仪器仪表制造业"创新效力指数整体呈现稳定上升的态势，这主要得益于创新投入效力指数的提升，其年均增速为 8.11%。与之相比，其创新条件效力指数、创新产出效力指数和创新影响效力指数增长缓慢，年均增速分别为 3.78%、5.23% 和 4.54%，如图 8-51 所示。在创新投入效力方面，2020 年，R&D 人员全时当量占从业人员比例达到 10.08%，R&D 经费内部支出占主营业务收入比例达到 3.98%，有 R&D 活动的企业占全部企业比例达到 79.71%，消化吸收经费与技术引进经费比例达到 49.41%，分别是 2012 年的 1.70 倍、1.88 倍、1.40 倍和 1.88 倍。在创新条件效力方面，2012～2020 年，企均有效发明专利数由 5.33 件增加到 25.51 件，设立研发机构的企业占全部企业的比例由 49.25% 增加到 60.29%。在创新产出效力方面，2012～2020 年，每百万名 R&D 人员全时当量发明专利申请数由 673.98 件增加到 1528.52 件，每亿元 R&D 经费发明专利申请量由 32.62 件增加到 42.35 件，每万名 R&D 人员全时当量实用新型和外观设计专利申请量由 1403.17 件增加到 1967.44 件。在创新影响效力方面，2020 年，单位能耗对应的利润总额达到 21 193.17 万元 / 万吨标准煤，单位从业人员利润达到 11.58 万元 / 人，新产品开发支出与新产品销售收入比例达到 11.65%，新产品销售收入占主营业务收入比例达到 39.33%，分别是 2012 年的 1.87 倍、2.19 倍、1.15 倍和 1.44 倍。

　　值得注意的是，2012～2020 年，中国"仪器仪表制造业"部分创新效力指数的相关指标呈现下降态势。主要原因有以下几方面。一是部分创新条件效力指数的相关指标下降。单位企业办研发机构数对应的企业办研发机构仪器和设备原价由 965.46 万元 / 个下降至 825.01 万元 / 个，单位企业办研发机构人员数对应的企业办研发机构仪器和设备原价由 12.69 万元 / 人下降至 9.62 万元 / 人。二是部分专利和专利所有权转让及许可收入相关的创新产出效力指标和创新影响效力指标明显下降。每亿元 R&D 经费实用新型和外观设计专利申请量由 69.91 件下降至 54.52 件，每万名 R&D 人员全时当量专利所有权转让及许可收入由 2012 年的 968.04 万元下降至 2020 年的 144.06 万元。

图 8-51　中国"仪器仪表制造业"创新效力演进

与国际领先企业相比，中国"仪器仪表制造业"的创新实力和创新效力尚存在一定差距。在创新实力方面，从 2020 年 R&D 经费内部支出来看，赛默飞世尔科技公司、岛津公司、安捷伦科技有限公司和丹纳赫集团分别为 78.51 亿元、9.93 亿元、32.38 亿元、88.19 亿元，中国"仪器仪表制造业"为 165.84 亿元，低于赛默飞世尔科技公司和丹纳赫集团两个企业之和。从 2020 年发明专利拥有量来看，赛默飞世尔科技公司、安捷伦科技有限公司和岛津公司分别为 6236 件、5982 件和 12 136 件，中国"仪器仪表制造业"为 17 346 件，低于赛默飞世尔科技公司、安捷伦科技有限公司和岛津公司的发明专利拥有量之和。

在创新效力方面，从 R&D 经费内部支出占主营业务收入比例和单位从业人员利润两个指标来看，中国"仪器仪表制造业"与国际领先企业相比，仍处于较低水平。2020 年，赛默飞世尔科技公司、岛津公司、安捷伦科技有限公司和丹纳赫集团的 R&D 经费内部支出占主营业务收入比例分别为 3.72%、3.99%、9.34% 和 6.05%，除赛默飞世尔科技公司之外，均高于中国"仪器仪表制造业"的 R&D 经费内部支出占主营业务收入比例（3.98%）。就单位从业人员利润来看，2020 年，赛默飞世尔科技公司、岛津公司、安捷伦科技有限公司和丹纳赫集团的单位从业人员利润分别为 73.74 万元 / 人、17.31 万元 / 人、28.68 万元 / 人和 34.13 万元 / 人，均显著高于中国"仪器仪表制造业"的单位从业人员利润（11.58 万元 / 人）。①

二、创新发展指数演进

中国"仪器仪表制造业"创新发展指数呈现大幅上升态势。2012～2020 年，该行业创新发展指数由 23.39 提高到 49.99，年均增速达到 9.96%。其中，2019 年创新发展指数增速较为明显，同比增长 27.13%，如图 8-52 所示。

图 8-52 中国"仪器仪表制造业"创新发展指数及其增长率演进

2012～2020 年，中国"仪器仪表制造业"创新发展指数上升速度较快，这主要得益于科技发展指数和环境发展指数的大幅提升，其年均增速分别为 10.28% 和 18.10%。与之相比，经济发展指数上升幅度略小，年均增速为 1.33%，如图 8-53 所示。在科技发展方面，2020年，单位主营业务收入发明专利申请数、单位主营业务收入实用新型

---

① 资料来源：企业年报、《财富》中文网及其他公开资料。汇率根据中国人民银行 2020 年 12 月公布的数据折算。

和外观设计专利申请数以及企业办研发机构人员数对应的有效发明专利数分别是 2012 年的 2.44 倍、1.81 倍和 3.10 倍。在经济发展方面，2012～2020 年，利润总额与主营业务收入比例由 9.13% 上升到 12.67%，单位从业人员主营业务收入从 57.83 万元 / 人增加到 91.36 万元 / 人，新产品（仅国际市场的新产品）销售收入占主营业务收入的比重由 2.2% 上升至 2.7%。在环境发展方面，2020 年单位耗能对应的利润总额、单位氨氮排放量对应的利润总额、单位二氧化硫排放量对应的利润总额分别为 2012 年的 1.87 倍、11.39 倍和 109.39 倍。其中，单位二氧化硫排放量对应的利润总额从 2017 年开始骤增，并在 2020 年实现突破性增长（586 344.4 万元 / 吨）。

图 8-53　中国"仪器仪表制造业"创新发展指数具体指标

值得关注的是，2012～2020 年，中国"仪器仪表制造业"部分创新发展指数的相关指标波动较大。企业办研发机构人员数中博士占比从 2012 年的 1.34% 下降至 2016 年的 0.98% 后，逐年小幅上升至 2020 年的 1.13%。在实现产品创新企业中有国际市场新产品的企业占比下降趋势明显，由 2012 年的 24.5% 上升至 2016 年的 26.9% 后，又逐年下降至 2020 年的 19.1%。

三、创新激励指数演进

2012～2020 年，中国"仪器仪表制造业"创新激励指数增速较快，由 2.44 上升至 6.46，年均增速为 12.95%。其中，2013 年创新激励指数增长较为明显，同比增长 50.98%，如图 8-54 所示。2012～2020 年，研究开发费用加计扣除减免税由 4.41 亿元上升至 20.84 亿元，高新技术企业减免税由 10.04 亿元上升至 25.78 亿元，R&D 经费内部支出中政府资金由 4.62 亿元上升至 8.29 亿元，2020 年的上述指标分别是 2012 年的 4.73 倍、2.57 倍和 1.79 倍，如图 8-55 所示。具体而言，研究开发费用加计扣除减免税在 2013 年增长较为迅速，同比增长 104.12%；高新技术企业减免税在 2013 年、2017 年和 2020 年增长较为迅速，分别同比增长 34.09%、20.07% 和 22.60%；R&D 经费内部支出中政府资金增长率在 2013 年、2015 年和 2018 年增长较为迅速，分别同比增长 50.71%、49.12% 和 44.63%，如图 8-56 所示。

图 8-54　中国"仪器仪表制造业"创新激励指数及其增长率演进

图 8-55 中国"仪器仪表制造业"创新激励指数具体指标演进

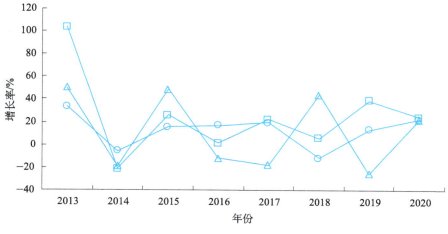

图 8-56 中国"仪器仪表制造业"创新激励指数具体指标增长率演进

专栏：新天科技股份有限公司

　　新天科技股份有限公司（简称新天科技）以 11.7 亿元的注册资本创办于 2000 年[①]，经过 11 年的充分准备，成功作为"国内首家智慧能源及智能表行业上市企业"在深圳创业板 A 股挂牌上市。新天科技作为 A 类上市公司，连续 3 年被评选为福布斯《中国最具潜力上市公司 100 强》《最具投资价值的上市公司 100 强》等代表性企业典范，在行业中更是被冠以"国家级高新技术企业""博士后科研工作站""国家级企业技术中心""中国十佳供水装备服务品牌""工业互联网平台""国家级专精特新'小巨人'企业"等荣誉称号。总体而言，新天科技的成功源于专注，发展更是源于创新。

（一）夯实基础，深耕行业领域核心技术

　　创始人专于仪器仪表，精于创新管理。新天科技创始人费战波，本科毕业于重庆大学电磁测量技术专业，硕士毕业于上海大学智能仪器仪表专业，后又在北京大学攻读完成工商管理硕士学位（MBA）。费战波不是一毕业就创业的，而是逐步积累管理实践经验，先在河南省科技厅省计算中心就职，后创办公司。从亲自研发到一线销售，从团队建设到公司管理，费战波成功为从"0"起步的新天科技注入发展之源——专业能力加上创新管理经验。

　　围绕"科技创新"一个中心轴发力。基于自身强有力的仪器仪表专业基础，费战波始终聚焦智慧能源和智能表产业，高度重视科技创新，将研发投入视作企业发展之基，将成果转化视作企业持续健康发展之本。"掌握核心技术，不断创新"是新天科技作为"中国电子信息行业标杆企业"的核心竞争力，"实现智慧能源管控，推动能源节约利用"更是新天科技持之以恒的奋斗使命。上市 10 年期间，新天科技累计研发投入达到 36 547.97 万元，增长了 10 倍，研发技术人员增加了 400 余人，专利技术及软件著作权数量也增长了 7 倍[②]。

---

① 参见：新天科技官网新天简介，网址：https://www.suntront.com/about/about.html.
② 新天科技. 扬帆远航 未来可期 | 新天科技上市十年回望. 2021-09-03. https://www.suntront.com/news/info41887.htm.

产品智能化，制造服务化。一方面，新天科技拥有不断延伸的产品布局。2001 年，新天科技研制出第一台非接触卡智能表，成为其产品研发创新的开端。2004 年，新天科技通过 ISO9001 质量体系认证，研制出第一套零功率智能表。2005 年，新天科技突破超声测流量技术和无磁传感技术。2008 年，新天科技引入办公自动化（Office Automation，OA）、企业资源计划（Enterprise Resource Planning，ERP）、集成产品开发（Integrated Product Development，IPD）、客户关系管理（Customer Relationship Management，CRM）等系统信息化管理软件，优化企业产品质量管理体系。另一方面，新天科技聚焦于制造服务化转型，从远距离无线电（Long Range Radio，LoRa）智能表到窄带物联网（Narrow Band Internet of Things，NB-IoT）智能表，从民用智能表到工商业电磁流量计再到云服务，新天科技真正实现了产品智能化和制造服务化。

（二）厚积薄发，从国内市场向国际市场加速奔跑

企业目标与国家战略紧密挂钩。创新之路并非企业独自成长，而是密切关联国家痛点，从而树立企业坚实的行业领先地位。新天科技参与/制定国家（行业）标准近 30 项（如 GB/T 41248—2022《燃气计量系统》国家标准、中国水协团体标准《城镇水务信息在线采集技术标准》、中国计量协会水表行业团体标准 T/CMA SB 058—2021《带电子装置水表防护性能试验》、GB/T 40115—2021《灌溉水表》等），承担多项工业和信息化部、国家发展和改革委员会科技攻关项目，从省级科研平台转变为国家级科研平台，从能力成熟度模型集成（capability maturity model integration，CMMI）3 级提升为最高等级 5 级评估，从国家实验室到获得中国合格评定国家认可委员会（China National Accreditation Service for Conformity Assessment，CNAS）国际实验室认证，新天科技凭借领先的技术优势和前瞻性的战略布局始终引领着行业的发展。

拥抱开放式创新，积极开展产学研合作。新天科技在 2018 年与中国电信集团有限公司、华为技术有限公司共同签署《战略合作协议》，并进一步完善了基于国内三大运营商通信平台的产品研发，打破了三大运营商物联网（Internet of Things，IoT）平台的对接壁垒。2019 年，新

天科技再次与中国电信集团有限公司河南分公司、河南移动通信集团公司郑州分公司签署 5G 战略合作协议。此外，新天科技也与 10 多所大学和科研机构搭建了若干合作平台。

产能持续带动市场版图。新天科技不断扩大工厂面积，最初的产业园仅 5 万平方米，如今其工业 4.0 级智慧工厂占据了 17 万平方米，5G 智慧物联网产业园将近 28 万平方米。基于突出的研发优势和规模优势，新天科技斩获顾客与市场的认可，其产品覆盖 600+ 城市，其服务更是走进 2500+ 公用事业单位[①]。凭借中国市场的坚实基础，新天科技逐步拓宽海外业务，有效利用"一带一路"贸易线，努力朝成为"世界智慧能源领导者"的目标前行。

十年磨一剑，出鞘必锋芒。如今，新天科技取得了显著的客户战略成效，经营业绩也屡创新高。十年上市时间，新天科技总资产从 2010 年的 17 838 万元发展到 2020 年的 316 527 万元，增长了 17 倍，营业收入从 2010 年的 16 722.56 万元发展到 2020 年的 119 450.37 万元，增长了 6 倍[②]。2021 年，新天科技实现总资产规模新高达 336 446.27 万元[③]。2022 年第二季度报告显示，新天科技已经达到 33.05 亿元总资产，相较上年同期的 30.27 亿元增长了 9.18%。展望未来，新天科技将继续以智慧科技持续推动城市发展，让理想生活照进现实，守持匠心，见证荣光。

第八节　通用设备制造业

一、创新能力指数演进

中国"通用设备制造业"创新能力指数呈现上升态势。2012～2020

---

① 新天科技.2021-09-03.扬帆远航 未来可期 | 新天科技上市十年回望.https://www.suntront.com/news/info41887.htm.

② 新天科技.2021-09-03.扬帆远航 未来可期 | 新天科技上市十年回望.https://www.suntront.com/news/info41887.htm.

③ 新天科技.2021 年度业绩报告.https://www.suntront.com/about/result.html.

年，中国该行业创新能力指数由 17.36 提高到 21.60，年均增速为
2.77%；创新实力指数稍有下降，由 16.23 降低到 15.90，年均下降
0.26%；创新效力指数由 18.49 提高到 27.30，年均增速为 4.99%，如
图 8-57 所示。2020 年，该行业 R&D 人员全时当量为 128 761 人年，
R&D 经费内部支出达到 555.77 亿元，发明专利申请量为 15 332 件，
新产品销售收入为 8 626.05 亿元。

图 8-57 中国"通用设备制造业"创新能力演进

中国"通用设备制造业"创新实力指数整体略有下降，主要原因
是创新投入实力指数和创新条件实力指数上升幅度略小，其年均增速
分别为 0.38%、2.87%；同时，创新影响实力指数呈明显下降趋势，年
均下降 10.49%；与之相比，创新产出实力指数增长较快，年均增速
为 8.81%，如图 8-58 所示。在创新投入实力方面，2020 年的 R&D 人
员全时当量和 R&D 经费内部支出分别是 2012 年的 1.02 倍和 1.56 倍。
在创新条件实力方面，2012～2020 年，企业办研发机构仪器和设备原
价由 240.57 亿元增加到 452.23 亿元，发明专利拥有量从 12 933 件增
加到 50 985 件。在创新产出实力方面，2012～2020 年，发明专利申
请量由 6181 件增加到 15 332 件，实用新型和外观设计专利申请量由
15 381 件增加到 27 150 件。在创新影响实力方面，2020 年，利润总额

达到 1864.37 亿元，新产品出口达到 1200.97 亿元，新产品销售收入达到 8626.05 亿元，分别是 2012 年的 1.23 倍、1.45 倍和 1.66 倍。

值得关注的是，2012～2020 年，中国"通用设备制造业"在技术吸收上投入不足，消化吸收经费由 12.24 亿元下降至 2.26 亿元。此外，该行业专利价值有待稳定提升，2012～2020 年，专利所有权转让及许可收入呈现下降态势，由 51 891 万元下降至 2377 万元。

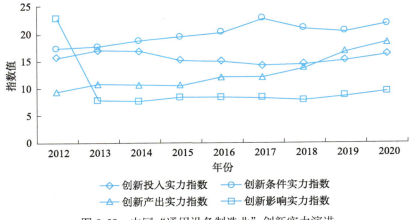

图 8-58　中国"通用设备制造业"创新实力演进

2012～2020 年，中国"通用设备制造业"创新效力指数整体呈现稳定上升态势，这主要得益于该行业的创新投入效力指数、创新条件效力指数和创新产出效力指数的提升，其年均增速分别为 4.56%、7.04% 和 8.80%；与之相比，创新影响效力指数增长缓慢，年均增速为 0.64%，如图 8-59 所示。在创新投入效力方面，2020 年，R&D 人员全时当量占从业人员比例达到 6.70%，R&D 经费内部支出占主营业务收入比例达到 2.53%，有 R&D 活动的企业占全部企业比例达到 74.26%，分别是 2012 年的 1.37 倍、1.43 倍和 1.51 倍。在创新条件效力方面，2012～2020 年，单位企业办研发机构数对应的企业办研发机构仪器和设备原价由 1319.64 万元 / 个增加到 2513.78 万元 / 个，单位企业办研发机构人员数对应的企业办研发机构仪器和设备原价由 18.31 万元 / 人增加到 33.37 万元 / 人，企均有效发明专利数由 4.17 件增加到 20.41 件，设立研发机构的企业占全部企业的比例由 44.23% 增加到 53.28%。在创新产出效力方面，2012～2020 年，每万名 R&D 人员全时当量发明专利申请数由 489.39 件增加到 1190.73 件，每亿元 R&D 经费发明专利申请量由 17.38 件增加到 27.59 件，每万名 R&D 人员全时当量实用新型和外观设计专利申请量由 1217.81 件增加到 2108.56 件，每亿元 R&D 经费实用新型和外观设计专利申请量由 43.26 件增加到 48.85 件。在创新影响效力方面，2020 年单位能耗对应的利润总额达到 5140.25 万元 / 万吨标准煤，单位从业人员利润达到 9.70 万元 / 人，新产品销售收入占主营业务收入比例达到 39.26%，分别是 2012 年的 1.18 倍、1.66 倍和 1.51 倍。

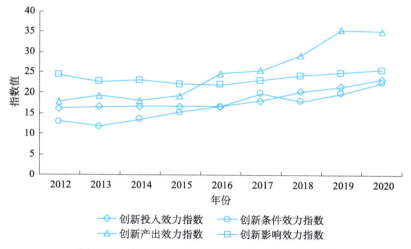

图 8-59　中国"通用设备制造业"创新效力演进

值得注意的是，中国"通用设备制造业"部分创新效力指数的相关指标呈现下降态势。主要原因有以下几方面。一是该行业对技术消化吸收的重视不足。2012～2020 年，消化吸收经费与技术引进经费比例由 38.30% 下降至 13.80%。二是新产品出口竞争力有待提升。2012～2020 年，新产品出口与新产品销售收入比例由 15.99% 下降至

13.92%。三是该行业对新产品的开发投入不够。2012～2020年，新产品开发支出与新产品销售收入比例由 8.22% 下降至 7.42%。四是专利所有权转让及许可收入相关的创新影响效力指标下降明显。2012～2020年，每万名 R&D 人员全时当量专利所有权转让及许可收入由 4108.52万元下降至 184.61 万元。

与国际领先企业相比，中国"通用设备制造业"的创新实力和创新效力均有待进一步提升。在创新实力方面，从 R&D 经费内部支出来看，西门子股份公司、日立集团、三菱电机株式会社、东芝公司、霍尼韦尔国际公司和通用电气公司在 2020 年的 R&D 经费内部支出分别达到了 396.23 亿元、185.60 亿元、130.80 亿元、95.14 亿元、87.27亿元和 249.92 亿元，而 2020 年中国"通用设备制造业"整个行业的R&D 经费内部支出仅为 555.77 亿元，低于西门子股份公司和通用电气公司之和。从专利拥有量来看，2020 年西门子股份公司和日立集团的发明专利拥有量分别约 4.3 万件和 8572 件，中国"通用设备制造业"整个行业的发明专利拥有量为 5.10 万件，仅为西门子股份公司和日立集团的发明专利拥有量之和。

在创新效力方面，从 R&D 经费内部支出占主营业务收入比例和单位从业人员利润两个指标来看，中国"通用设备制造业"与国际领先企业相比仍处于较低水平。2020 年，西门子股份公司、日立集团、三菱电机株式会社、东芝公司、霍尼韦尔国际公司和通用电气公司的R&D 经费内部支出占主营业务收入比例分别为 8.05%、3.36%、4.64%、4.93%、4.09% 和 4.80%，远高于中国"通用设备制造业"的 2.53%。就单位从业人员利润来看，西门子股份公司、日立集团、三菱电机株式会社、东芝公司、霍尼韦尔国际公司的单位从业人员利润分别为 15.54万元/人、9.34 万元/人、9.57 万元/人、8.27 万元/人和 30.90 万元/人，其中部分显著高于中国"通用设备制造业"的 9.70 万元/人。①

---

① 资料来源：企业年报、《财富》中文网及其他公开资料。汇率根据中国人民银行 2020 年12 月公布的数据折算。

二、创新发展指数演进

中国"通用设备制造业"创新发展指数呈现大幅上升态势。2012～2020年，中国该行业创新发展指数由15.32提高到24.84，年均增速达到6.23%。其中，2016年、2019年、2020年创新发展指数增长较为明显，分别同比增长10.56%、10.20%和10.20%，如图8-60所示。

图8-60　中国"通用设备制造业"创新发展指数及其增长率演进

2012～2020年，中国"通用设备制造业"创新发展指数上升速度较快，这主要得益于科技发展指数的大幅提升，年均增速为11.19%；与之相比，经济发展指数和环境发展指数上升幅度略小，年均增速分别为1.22%和3.48%，如图8-61所示。在科技发展方面，2020年，单位主营业务收入发明专利申请数、单位主营业务收入实用新型和外观设计专利申请数和企业办研发机构人员数对应的有效发明专利数分别是2012年的2.26倍、1.80倍和3.82倍。在经济发展方面，2012～2020年，利润总额与主营业务收入比例由7.54%上升到8.49%，单位从业人员主营业务收入由77.56万元/人增加到114.28万元/人，新产品（仅国际市场新的产品）销售收入占主营业务收入的比重由1.6%上升到3.3%。在环境发展方面，2020年单位能耗对应的利润总额、单位氨氮排放量对应的利润总额、单位二氧化硫排放量对应的利润总额分别为2012年的1.18倍、2.42倍和6.06倍。

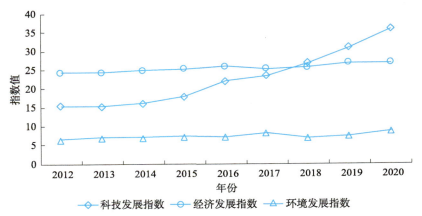

图 8-61　中国"通用设备制造业"创新发展指数具体指标

值得注意的是，2012～2020年，中国"通用设备制造业"部分创新发展指数的相关指标波动较大。2012～2020年，企业办研发机构人员数中博士占比由1.10%下降至0.93%。在实现产品创新企业中有国际市场新产品的企业占比整体呈下降趋势，由2012年的22.8%上升至2016年的24.4%后，又逐年下降至2020年的19.2%。

三、创新激励指数演进

中国"通用设备制造业"创新激励指数有所改善。2012～2020年，中国该行业创新激励指数由11.49上升至18.61，年均增速为6.21%。其中，2018年和2019年创新激励指数增长较为明显，同比增长14.38%和16.95%，如图8-62所示。2012～2020年，研究开发费用加计扣除减免税由23.62亿元上升至62.75亿元，高新技术企业减免税由46.98亿元上升至85.50亿元。2020年的上述指标分别是2012年的 2.66 倍和 1.82 倍，如图 8-63 所示。具体而言，研究开发费用加计扣除减免税在 2018 年和 2019 年增长较为迅速，分别同比增长 53.83% 和 67.46%，高新技术企业减免税在 2016 年、2018 年和 2020 年增长较为迅速，分别同比增长 13.23%、16.16% 和 13.08%，R&D 经费内部支出中政府资金在 2013 年增长较为迅速，同比增长 14.43%，如图 8-64 所示。

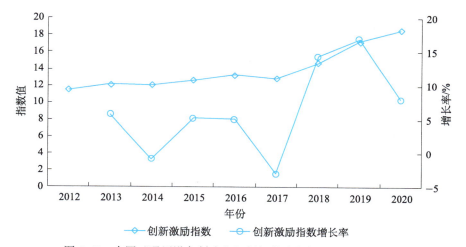

图 8-62　中国"通用设备制造业"创新激励指数及其增长率演进

图 8-63　中国"通用设备制造业"创新激励指数具体指标演进

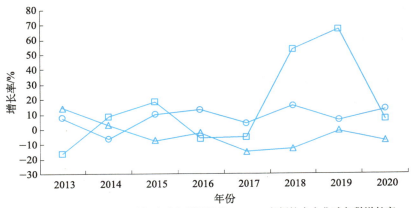

图 8-64　中国"通用设备制造业"创新激励指数具体指标增长率演进

 专栏：上海机电股份有限公司

　　上海机电股份有限公司（简称上海机电）于 1992 年在上海证券交易所上市，注册资本为 10.23 亿元，快速占领了国内电梯市场。上海机电的核心产品是电梯及自动扶梯，拥有世界上销量第二的上海三菱电梯有限公司（简称上海三菱）及其"上海三菱"品牌；其主营业务也涉及冷冻空调设备制造、印刷包装机械制造等机电一体化、工业自动化、智能制造等产品领域。上海机电是中国机械制造业和外商投资企业 500 强企业，是中国机械工业核心竞争力十强企业，被多次评为国家质量效益型企业。

（一）"引进转化－自主开发－合资合作"，保持国际领先水平

　　2009 年之前，上海机电的核心业务是上海三菱电梯，在技术方面主要采取加快引进世界领先水平电梯系列的策略。在投资各方协同和企业技术中心具体负责下，上海三菱快速引进和转化日本三菱电机株式会社的全电脑交流变压变频电梯技术，成为国内首家推出具备该技术的电梯制造企业。此后上海三菱持续动态引进和转化世界先进的全电脑控制智

能化电梯和新型自动扶梯（GPS/GPM）等系列电梯，凭借世界前沿的电梯技术，在中国电梯市场的占有率连续多年保持领先地位。

2009 年，上海三菱在加快引进、转化的同时，提升自主开发能力，逐步实现自主知识产权产品占总销售量主体的布局。以技术创新为核心，上海三菱先后开发了数据网络控制交流变压变频（HOPE）系列电梯和基于永磁同步电动机驱动的无齿轮曳引机的菱云（LEHY）系列电梯等 34 个产品系列，以及变频液压电梯等多项拥有自主知识产权的产品，使得其电梯技术始终保持国内领先、国际先进水平，根据上海三菱电梯有限公司企业质量信用报告，其自主开发产品占销售总量的 70% 以上。上海三菱成为中国最大的电梯制造和销售企业之一。

2013 年，上海机电除与日本三菱电机合作以外，还与日本纳博特斯克公司、美国开利公司等世界知名企业进行合资合作，形成了品牌优势和规模优势。纳博特斯克公司是国际工业机器人的核心部件——精密减速器制造的领先企业，根据高工机器人数据，其精密减速器产品在全球工业机器人应用的市场份额已经达到 60%，具有结构紧凑、轻便、高精度与刚性的产品特点。上海机电积极与纳博特斯克公司开展精密减速器业务的合作，充分利用合作平台，把握中国机器人产业快速发展的机遇。根据上海机电 2021 年财报，其在国内工业机器人应用的精密减速器市场占据了 90% 以上的份额，同时也在国内积极探索精密减速器在机床、自动化、太阳能光热发电等新领域的应用。此外，上海机电与开利公司合作组建、经营在华企业，充分扩大自身品牌影响力与规模效益，持续发展其他领域，逐步向实现机电一体化、机电全覆盖迈进。

（二）制造服务化，实现二次腾飞

目前，我国电梯产业已经进入成熟期，电梯产品种类齐全，价位逐年降低，产能过剩、产品同质化等问题使行业增速放缓，竞争日趋激烈。在此行业背景下，上海机电洞察商机，凭借自身基础和优势，采取了针对性的发展策略。

一方面，上海机电聚焦电梯业务，积极推动以用户为中心、"产品＋服务"双轮驱动的商业模式，拓展服务领域。在电梯行业产能饱和状态下，上海机电将眼光投向旧梯更新改造和老房加装电梯业务，积极探索并推出了"一站式加装电梯服务"。根据上海机电 2021 年年度董事会经营评述，截至 2021 年底，我国国内电梯保有量超过 800 万台，其中已运行 15 年以上的老旧电梯数量较大，旧电梯改造需求将在未来长期得到逐步释放；全国还有大批高层建筑未安装电梯，为方便居民出行与解决老年人出行便利问题，各地政府将老房加装电梯作为重大民生工程加以鼓励扶持。此外，基于对产品品质的充分自信，以及提升服务品质、优化用户体验的决心，在借助成熟的电梯物联网、大数据统计分析、视频智能分析等技术的基础上，上海三菱推出"五大核心部件十年延保"服务，有效增加客户黏性，形成企业与客户间长期战略合作伙伴关系，提升用梯服务收入。根据《上海机电股份有限公司 2014 年年度报告》，2014 年，初步踏入电梯服务领域的上海机电，在电梯安装改造维保服务上的收入为 35 亿元，占营业收入的 20%。根据上海机电 2021 年年度董事会经营评述，到 2021 年，电梯业务收入保持持续稳步增长，旧电梯改造数量增幅达到 26.1%，老房加装电梯增幅达到 52.9%，安装、维保等服务业收入超过 74 亿元，在电梯业务营业收入中占比达 32%，服务业务的毛利率已超过制造业务[1]。通过制造服务化，上海机电有效地实现了电梯业务全生命周期的价值最大化，进一步提高自身竞争能力，巩固市场份额。

另一方面，上海机电在稳固电梯产业领先优势的基础上，推进数字化、网络化、信息化转型，向高端"机电一体化"和"工业自动化"产品发展，重点发展数字印刷、精密液压等业务，加速开拓机电业务布局。在数字印刷行业，上海机电成立专攻印刷包装业务的子公司，从以报刊印刷为主转向以书刊印刷为主，同时积极拓展包装印刷市场业务，大力开发服装印染设备，通过拓展应用场景来实现市场转型，实现从设备制造逐步转向提供全过程系统解决方案的发展。在精密液压行业，企业通过科技投入、人才引进、产学研合作等方式加速技术革新，进一步提升产品的技术质量能级，扩大市场份额；借助合资合作，推动新产品

---

[1] 上海机电. 2021 年年度董事会经营评述. 2023-03-24. http://yuanchuang.10jqka.com. cn/20220324/c637773407.shtml.

和新市场开发，实现精密液压领域存量及增量业务的不断延伸与拓展。

根据《上海机电股份有限公司 2021 年年度报告》，2010 年，上海机电营业收入达 160.8 亿元，到 2021 年，全年营业收入达 247.2 亿元，经过这 11 年的发展，营业收入增长 53.7%。根据上海机电 2022 年半年度报告，截至 2022 年上半年，上海机电总资产已经达到 393.2 亿元，比上年同期增长 5.67%，呈现稳步提速的良好发展态势。上海机电秉承稳健务实的经营风格，遵循"创造舒适生活"的企业理念，在全国行业内保持着领先竞争优势。